誤認逮捕

冤罪は、ここから始まる

久保博司

新書
230

序章　誤認逮捕に怒る人々

住居侵入容疑で逮捕された62歳の男性は言う。

「誤認逮捕のお陰で妻も働けなくなりました。30年間勤めていた会社を辞めざるを得なかったのですよ。釈放されたあとでも、世間の目は冷たいです。未だに私が犯人だと思っている。せっかくこれまで無事に生きてこられたのに、人生がすべて変ってしまいました」

誤認逮捕は平凡な人生を狂わせるのである。

窃盗や詐欺などの容疑で誤認逮捕され、かつ起訴されて1年1カ月も勾留されていた51歳男性は、その苦しい心境を語る。

「なんで、やっていないのに犯人に仕立てるのか、と思うんですよ。警察は僕の言うことを全く信じてくれませんでした。ただ、お前が犯人だと追及するだけです。警察に言いたいことは山ほどありますよ。長い間勾留《こうりゅう》してきた刑事が憎いです。警察官の顔も見たくない。もう、絶対に関わりたくないです。謝りに来ても会いたくありません」

警察がこれほど憎いのも、1年1カ月の勾留ですっかり生活条件が変ったからである。

「今は、とにかく裁判が終わってのんびりしたいです。（1年以上の勾留で）体が弱くなったし、前にやっていた仕事もなくなってしまいました。少しずつ運動して体を元に戻したり、ハローワークに通って仕事を探したりしています。新しい仕事に早く就きたいけど、今の経済状況では正直言って厳しいです。ましてやこの年齢ですからね。なかなか見つからない。就職のめどは全く立っていません」

ひき逃げ容疑で誤認逮捕されて容疑を認め、10カ月後に無実が判明した36歳の男性は、現在の気持ちを次のように訴えている。

「無罪判決を受けてうれしいですが、むしろ、腹が立つ気持ちの方が大きいです。検察は『誤認逮捕とは考えていない』と言うなど、まだ犯人だと言っているように感じます。会社はクビになり、肩身の狭い思いをしました。思いつめて、何回か死のうと思いました。

犯行を一時認めたのは、取調べ前から犯人扱いされていたからです。取調室では、ここまで来たのだから諦めろ、と怒鳴られ、早くここから逃げ出したいと思って認めてしまったのです。取調官が言うことに対して『違う』と言うと、言い直させられました。

それでも正式裁判を申し立てたのは、父親の励ましがあったからです。『（裁判費用で）この家がなくなってもいいから、裁判を申し立てろ』と言ってくれました。

警察と検察に対しては、自分はやっていないことを強く言いたい。自分と前に勤めていた会社に謝罪してほしい。そして、もっとしっかりした捜査をしてほしい。自分のような人間が増えないことを祈っています」

誤認逮捕の被害は底知れないようだ。

ところで、誤認逮捕された多くの人は、逮捕当初はあまり深刻に考えていない。警察は真実を分かってくれる、と信じているからだ。

日本警察はまだそこまで信頼されているのか、それとも日本人がお人よしなのか……。

「何もしていないからいつか分かってくれると思っていました。でも、勾留中は本当に不安でした」（窃盗容疑で誤認逮捕された41歳日系ペルー人男性）

「最初は、誠意を尽くして訴えれば真実は分かると考えました。だから、署員の求めに応じて呼気検査を受けたのですが、警察官は最初から決めつけていたようです。怖いですよ。運転もしていないのに酒気帯び運転だと言うんですからね。どこでどうすれば誤認逮捕されなかったのか、全く思い当たりません。理不尽な思いをしました」（酒気帯び運転容疑で誤認逮捕された45歳男性）

「話せば分かると思って警察へ行ったのですが、『お前がやったのは明らかだ』と怒鳴られるばかりでした。そのあと目撃者が現れて私の誤認逮捕が分かったはずなのに、その後も勾留されていました。これは不当であり、悔しいです」（痴漢容疑で誤認逮捕された31歳男性）

彼らが警察と関わるのは、恐らく初めてであろう。だから警察を信頼していたのだ。しかし実態は違っていた――。

こうして警察不信へと傾いていく。そして、次のような怒りの声になる。

「最初からきちんと捜査していれば、こんなことにならなかった。警察には直接謝罪してほしい。私だけでなく周りにも迷惑がかかった。警察側の今後の対応によっては法的手段も考えたい」（覚醒剤密売容疑で誤認逮捕された33歳男性）

「無実が証明され、一安心しているが、取調べ中に足を蹴《け》られるなどで、あざが残っている。担当刑事に謝罪してほしい」（窃盗容疑で誤認逮捕された37歳男性）

さらに、大阪地裁所長襲撃事件に関連して恐喝未遂容疑で別件補導され、本件に関して警察に虚偽供述を暴力的に迫られた当時13歳の少年は、日記（2004年5月）にこう書いている。

「けいさつの人が机をどついたりけったりして『これやったやろ』とか言うてきました。僕はそんなんとかされて、こわくてたえられへんかった」（10日）

「僕のせいで僕の友達や知り合いがタイホされます。今日の1日で何回も『死にたいと思った』」（14日）

「僕はけいさつの人が大キライです」(21日)

逮捕――

その瞬間に、人は人格を否定される。社会的には市民としての権利を失い、人間としては自立性、自律性を喪失する。その逮捕が、実際に犯した罪が原因なら諦めもつくだろう。そうである限り、その後の〝人格否定〟に耐えることができる。

その逮捕がしかし、不当であれば、これほど理不尽で屈辱的で、かつ暴力的なことはない。

しかし、人間に間違いはつきものだ。警察であっても間違うことはある。

誤認逮捕は、ある意味、不可避なのである。

どうすればいいのか。本書でそのことを考えてみたい。

誤認逮捕／目次

第8章 誤認逮捕の〝悲劇〟をなくすには 181

図版作成　美創

第1章

ある悲劇

妻に3万円を渡す

２００4年2月17日早朝——

伊丹繁（仮名）は、夜明けが待ちきれないかのように布団を撥《は》ねのけてベッドから体をすべらせた。隣のベッドで、妻の洋子（仮名）はまだ夢の世界のようだ。

窓を開けると、闇の底が藍色を帯び始め、庭の木々は闇ににじみながらも、ほのかにそれと分かるように刻々とその輪郭を浮かび上らせていた。小鳥たちも目覚めたのか、そこここでさえずりだした。

「今朝はずいぶん早いわね」

夢の世界を破られたのか、妻は非難するかのようにこちらを睨んでいる。

「うん。なんだか眠れなくてね」

「今日はどこかへ行くの？」

「うん。孫がせっつくからスーパーにね」

「ああ、ハムスターの餌ね。買い物に行くぐらいでそんなに興奮するの？」

ベッドを出てパジャマの上にガウンを羽織りながら妻が言う。

「いや、孫にやったときの喜ぶ顔が今から楽しみなのさ」

「自分の子が小さい頃は仕事仕事で見向きもしなかったくせに、孫となるとそんなに可愛いものかね。あ、そうだ。お金を3万円ほど置いてってちょうだい」

「えっ、3万円も？　何に使うんだ」

「内緒！」

「内緒ったって、お前また……」

「違いますよ。お友達と旅行することになっていて、その会費なのよ」

「3万円で旅行か。せいぜい近場の1泊旅行ってところだな」

「お生憎さま、2泊旅行です。旅館の女将さんと知り合いのお友達がいるのよ」

「まあ、せいぜい楽しむんだな、怪我をしないように。それにしても、買い物に行こうという人間から金をふんだくるんだからね」

「スーパーにはATM（現金自動預入支払機）があるでしょ。そこから下ろせばいいじゃない」

「何でもお見通しだな」

「そうでなきゃ、要領の悪い不器用な旦那さまのお世話なんかできませぬ」

「さようか。はい、これ」

繁は財布から福沢諭吉を3枚取り出して渡した。

両手に買い物袋を

午前中は所用をすませ、昼食を終えると、繁は買い物に出た。

スーパーは自宅から徒歩30分ほどのところにある。普段は坂道の多い山手に向って1時間弱の散歩をしているので、68歳ではあっても、繁にとっては気楽な散策である。家並みを眺めるうちに、あっという間に到着した。

店に入ると、雰囲気が異様である。

「何かあったんですか」

30歳ほどの女性店員に訊《き》いてみた。

「万引きがあったんですよ」

「犯人は？」

「中年の女の人です。警備員さんによると、いつも来る客だそうです。あの人がどうして万引きなんかするのかって、不思議がっていました」

「捕まったんですか」

「いや、まだですよ」

「あそこに警察官がいますね。現場検証ですか」

「分からないけど、そうみたいですね」

近づくと、警察官2人が商品棚を前にして店員から状況を聞いている。年配と若手だが、若手は柔道選手なのか巨体である。

——あんな警察官もいるのか。こんなに混んでいると万引きは多いだろうな。

繁はそう思いながら、店内をぐるぐる回ってみる。久しぶりなので、目当ての商品がどこにあるのか見当がつかない。店員に訊いても忙しいらしく、

「向こうの5番通路のところです」

と答えるが、その5番通路がどこなのか分からない。ようやく探し当てても、どの棚に餌があるのか、それが見当たらない。

最初に会った30歳ほどの店員がいたので声をかける。

「ハムスターの餌を探しているんですが、見当たらないんです」

彼女は商品を整理している手を止めて、

「こちらです」

早足で飛ぶようにその場に案内してくれた。5番通路ではなく6番通路だった。

——そうだ、ついでに孫が欲しがっていたプラモデルも買ってやろう。

玩具売り場を通りかかった繁は、大発見でもしたかのように、プラモデルに手を伸ばした。

見ればどれも買いたくなる。孫の喜ぶ顔を脳裏に浮かべながら、あれもこれもとばかり買い物

籠《かご》に入れていった。

ようやく目当ての品をすべて探し終えたときには、店に入って2時間は経っていた。歳は取りたくないものだ。

日頃から自分は若いと思っていたが、やはり年齢には勝てない、と思い知らされるのだった。

レジで支払いをすませる。両手に余るほどの荷物になった。

巨体の下で無実を訴え

――そうだ、ばあさんに金をやったので、財布には現金があまり入っていない。5万円ほど下ろしておこう。

両手に買い物袋を下げて店内のATMコーナーへ向かった。人込みをかき分けながらコーナーへ向かうと、入口付近に人の出入りを邪魔するかのように、2、3歳の子供を連れた25～30歳ほどの女性が立っている。

文句を言おうと彼女を見たが、傍《そば》にいる子供が気になってやめた。自分の孫を邪険にするような気がしたのだ。

3番の機械が空いたのでそこに立つ。最近のATMはボタン操作ではなくタッチパネルに指先で触れて操作するようになっている。この点がアナログ人間の繁にとっては苦手だった。

まず、キャッシュカードをどこに挿入するか、それさえもすんなりとはいかない。やっと挿入すると、タッチパネルの画面が瞬時に切り替わって沢山の項目が並んでいる。それを選ぶのに戸惑う。そんなこんなで、5万円を出すつもりが、指が勝手に7万円と打ち込んでしまった。内部で機械音が聞こえ、やがて四角いプレートが動いて奥から札が吐き出される。

その札を取り上げた瞬間だった。

肩に強い衝撃が加わり、手がさっと胸のあたりまで伸びて来て、取り上げたばかりの札をつかもうとする。

歳は取っても力はまだ衰えていない。その腕をつかんで顔を見ると、ATMコーナーの入口付近に立っていた女である。ちょうど警察官が来ている。捕まえて突き出してやろうと思った。

先手を取ったのは、しかし女の方だった。

「ドロボウ！」

大声で叫んだのである。

「どうした、どうした」

駆けつけたのは店員1人と客2人だ。

「この野郎、いい歳をして！」

繁はたちまち床にねじ伏せられた。事情を説明する余裕もなく、また3人は聞く耳を持ってもいなかった。

やがて2人の警察官がやってくる。万引き事件の捜査に来ていたあの2人組だ。

「あれ？　被害者の女性がいないぞ。キミはこの男を押えていろ、俺は女性を捜してくる。事情を聞かないといけないからな」

年配の警察官が若い警察官に言いつけて姿を消した。

若い警察官はまだ新人である。とにかく逃げられないようにすればよい、と繁を後ろ手にして手錠をかけ、床にうつ伏せにした。ところが体重94キロの巨体である。潰されそうになり、苦しい。

「人違いだ」

繁は必死に訴えながらもがいた。もがけばもがくほど、しかし警察官は体重をかけてくる。

「く、くるしい。違うんだ」

「人違いではない。じっとしていろ」

繁が犯人と思っている警察官は聞く耳を持たない。かえって巨体をかぶせてくる。

気がつけば病院のベッド

そのうち繁は、気を失ってしまった。

巨体から解放されたのは20分後だった。応援に駆けつけた警察官が繁の異変に気付いたのだ。ぐったりしているため、すぐ救急車で病院に運ばれた。病院では救急治療がなされたが、意識が回復することなく翌朝、繁は妻や孫に見守られながら息を引き取った。

「オレがあんなに押え込まなければ……」

警察署では件《くだん》の巨漢警察官がうなだれている。

「仕方ないよ。初めてのことで、お前も必死だったのだろう。悪いのはあの女だ。どんなことをしても捜し出せ。それがせめてもの罪滅ぼしだ」

相方の先輩警察官が慰めた。

誤認逮捕には、被害者は当然のことながら、加害者たる警察官も傷つくのである。

女は恐らく、ひったくりの常習犯であろう。ＡＴＭコーナー付近に立っていたのは、カモが来るのを待っていたのだ。そのカモが繁だった。

繁は高齢で、かつ両手は荷物でふさがっている。ＡＴＭの操作も慣れていないようだ。恐らく、現金が出て来た瞬間にホッとして気を緩めるだろう。そこを狙うのだ。

が、体当たりしたものの果たせず、その場から逃げるために、

「ドロボウ！」

と叫んだと思われる。

誤認逮捕には、当然のことながら必ず〝原因〟がある。その分析はあと回しにするが、この事件では、女の罠《わな》に周囲がまんまとかかった格好だ。

どんな探検でもそうだが、未知の世界へのルートには必ず罠が待っている。捜査は、未知の犯人へのルートを辿るという意味で探検と同じであり、どこかに罠が待っている。その罠をクリアして初めて真犯人に辿りつく。

誤認逮捕とは、罠との〝闘い〟における敗北なのである。そして警察のこうした敗北には必ず悲劇がつきまとう。

洋子はこう嘆いていた。

「夫を犯人と間違うにしても、確認するなり、もっとほかに方法があったはずです。夫があの日、ATMに行ったのは、私のせいです。私にお金をくれて、手持ちが少なくなったので現金を引き出そうとしたんだと思います。68年間、真面目に生きてきた夫は、命を奪われただけでなく、大勢の前で押えつけられて名誉まで傷つけられました」

自分さえあんなことを頼まなければ……。

取り返しのつかない悲劇に妻の洋子は突き落とされたのだ。

第2章 忘れられない失態

憧れの刑事に

伊藤正勝（仮名）は、警視庁S警察署の刑事である。

東北地方の高校を出て民間会社に就職していたが、外向的な彼にとって、終日事務机に向う毎日は耐えられなかった。それに、幹部はみな東京本社からやって来る大卒エリート社員ばかりである。地元採用の高卒にとって、将来の夢を描くなど思いもよらない。

せめて仕事が面白ければ張り合いもあるのだが、営業部員が持って来る伝票の整理ばかりでは面白くもおかしくもない。何のために自分は生きているのか……。

そんな彼の目に入ったのが、警察官募集のポスターだった。

考えてみると、首都圏の警察本部に親戚の何人かが警察官として勤務している。T県警本部に勤める親族の1人は、高卒なのに若くして警察署長になっている。

「警察って、学歴は関係ないんですか」

親戚の1人に電話で訊いてみた。

「ああ、マサちゃんね。警察ってところは試験で昇進するんだよ。卒業当初は大卒は高卒より年齢が上だから最初は大卒が上だけど、同じ年齢になれば追いつける。あとは実績と昇任試験で決まるよ。警察官になりな。いろんな職種があるから自分に合った仕事が選べるよ」

というわけで、伊藤正勝は警察官募集に応募し合格した。地元警察と警視庁のどちらかを選べたが、東京が面白そうなので警視庁警察官になったのだ。

憧れの刑事になったのは32歳のときだ。東京山の手の警察署で運よく刑事課に欠員が出たからだ。刑事になるには刑事講習を受けるなど一定の資格が必要なのだが、欠員がなければ資格を取ってもなれない。伊藤はその点では運がよく、資格を取って間もなく刑事課に欠員が出たのだった。

相次ぐ不審火

初めての手柄は刑事になって2年目だった。

家人が在宅しているのに忍び込んで盗みを働くいわゆる『居空き』を、機転を利かして逮捕した。暇さえあれば管内のドロボウ道を『パトロール』するのが習慣だった彼は、居空きを働いて家を出たばかりのドロボウを職務質問で現行犯逮捕したのだった。

その後も実績を積み重ね、昇任試験も順調に突破して、1990年、40歳のとき警部補に昇進した。

警部補は警察署では係長である。彼は下町の警察署で刑事課係長として4人の部下を持つ身になっていた。

それから数年後の、3月2日のことだ。

「火事だ！」

当直の夜、突然、管内に火の手があがった。

下町は木造住宅が密集している。風向きによってはあたり一面が火の海になりそうだ。幸いにもこのときは通報が早く、迅速な消防活動で1棟が半焼しただけですんだ。

前年からこれで4件目である。

最初の火事では3棟が全半焼した。火元は全焼した家の1階玄関脇の無人の部屋だった。電気もつけておらず、もちろんストーブの類はない。全く火の気はないのにこの部屋だけがとくに焼け焦げている。

放火に違いなかった。

2件目はボヤだったが、放火の手口は無謀だった。火をつけた新聞紙を無施錠の玄関の中に放り込んだのである。家人が2階にいて異変に気付き、火を消し止めた。それでも玄関に出ていた履物や柱が焼け焦げており、発見が遅れたら全焼したと思われる。

「犯人はどんな奴だろう」

「何か不満があっての憂《う》さ晴らしだ」

「単なるいたずらだよ」

刑事課の話題はもっぱら放火犯の犯人像である。

「放火犯には蓄膿症《ちくのうしょう》が多いというけど本当かなあ。もし本当なら耳鼻科に行って蓄膿症の患者を調べたらいい」

「バカをいえ。いくら警察でもそんなこと教えるはずがない。もし教えても、1人ずつ当たって、お前は放火したのか、って追及するのかよ。それにそんなことを考えること自体が差別だよ」

「冗談だよ。まともに受け取る方がどうかしている」

「何を！　人が真剣に考えているのに、お前それでもデカか」

「まあ、まあ。そう興奮するな」

それまで黙っていた伊藤は部下たちを宥《なだ》めた。

イラつく刑事たち

たび重なる放火事件が刑事課全体に暗い影を落としていることは間違いない。皆がイラついていた。勤務明けに居酒屋に集まっても、いつもの活気が出ないのである。カラオケで小林旭を真似て歌うのが好きな伊藤も、最近では歌わなくなった。

3件目は、その年も押し詰まった12月下旬だった。民家の塀に張られたポスターが焼けていた。ある地元政治家の演説会を予告するポスターだ。選挙が迫っていたので選挙運動の一環といえるポスターだった。

「これは反対陣営による嫌がらせだよ」

「いや違う。ポスターが張られていたのは板塀だよ。しかも空気は乾燥している。下手すれば火災になっているよ。嫌がらせではない」

「手口が一貫していないじゃないか。同一犯とはいえないよ」

3件目のボヤが刑事たちの頭を混乱させたようだ。ますます刑事課全体がイラついてくる。

伊藤はしかし、同一犯の仕業であると睨んでいた。

そして、4件目が起きたのだ。

出火場所付近にマッチの軸が落ちており、焼け焦げた新聞紙が捜査員をあざ笑うように身をくねらせていた。

よし、今度こそ――

伊藤は決意した。

幹部は口癖のように言っていた。

「放火事件の犯人は1日も早く逮捕しなければいけない。たとえ、疑わしきは罰せず、といわれても、放火だけは別だ。被害を最小限に抑えるのが警察の任務なのだから、検事を説得して裁判官から令状を取れ。請求が却下されるのを怖れてはいけない」

その声に突き動かされて、伊藤は部下を叱咤激励しながら日夜駆けずり回っていた。警察署には隣接署の応援を求めて捜査本部が置かれ、刑事課長が本部長となり、機動捜査隊員が日夜パトロールしている。

「あいつらに負けるな。管内の事件は俺たちの手で解決しよう」

それが伊藤の口癖になっていた。そして、先頭に立って聞き込みをつづける。

犯人は管内に住んでいるはずだ……。

それが彼の確信だった。犯人は火が燃えるのを見るのが楽しくて放火している、と考えたからだ。

決めつけ捜査

「そんなに決めつけては間違うんじゃないの？」

のちに私は訊いたことがある。

「決めつけて動く、それが捜査だよ」

伊藤は反論していたものだ。

近所を聞き込んでいると、ある人が耳寄りな話をしてくれた。

「ほら、○○町の○○さんの息子。あの子は、火事となると必ず現場にいますよ。放火の犯人は必ず現場に戻るというでしょう。怪しいのではないですか」

確かに怪しい。

伊藤は現場写真を調べてみた。火災現場には野次馬にまざって犯人がいる可能性が高いので、火災の状況だけでなく見物人も撮っている。

警察が撮った写真にその男が写っているではないか。念のため消防署の写真も調べてみる。

「いた！」

彼は身震いした。

両方に写っている。これは犯人に間違いない。

刑事課長に報告すると、

「すぐ逮捕しろ」

瞬間湯沸かし器の異名を持つ刑事課長は、伊藤の説明を半分聞いただけで逮捕状請求を命じた。よく考えないで動くので誤認逮捕すれすれのことが多く、周囲はヒヤヒヤさせられる。このときはしかし伊藤にも自信があった。しかもこれは放火事件であり、幹部の日頃の訓示もある。

逮捕状を裁判所に請求するときは、検事の了解を得ることが習わしになっている。伊藤が担

当検事に令状請求の書類を見せると、

「写真2枚だけではちょっと……」

と渋っている。

「普通の事件とは違うんですよ。放火は地域住民にとって重大な迷惑を及ぼします。誤認逮捕を怖れていてはいけません。1分1秒でも早く逮捕してこれ以上の犯行を食い止めることが捜査機関の役目ではないですか」

もともと弁の立つ伊藤だが、このときはその弁に一層の磨きがかかり、検事の疑問、反論を瞬時にして封じ込めてしまった。

パトカーに乗って喜ぶ男

容疑者M（23）の自宅は江戸川に面している。玄関のすぐ前は土手である。伊藤は映画「男はつらいよ」を思い出した。今にも渥美清が出てきそうだ。当時渥美清はまだ元気に活躍していた。

玄関のガラス戸を引くと、ガタガタと音を立てながら動く。よく見ると建物の板壁が歪んでいる。戦後間もなく建てられた掘っ建て小屋ではないかと思った。

「今日は！」

大声で呼ぶと母親らしい女性が応対に出た。まだ50歳前のはずだが精気が薄れており、頭には白髪が交じっている。

「M君のお母さんですか」

「はいそうですが、何か」

「放火のことでM君に逮捕状が出ているのですよ」

「えっ？　まさか」

「この通り令状があります」

母親は逮捕状をまじまじと見つめる。

「あの子が放火……」

その顔はみるみる蒼くなった。

「少しお待ちください」

慌てた彼女は奥の部屋に飛んで行った。母親に連れられて出て来たMは、キョトンとしている。

「Mだね。放火の容疑で逮捕する」

令状を見せられても何のことか理解できないようだ。両手に手錠をかけると少し驚いたようだが、パトカーに乗せると、怖がるよりむしろ喜んだ様子だ。

――本当にこの男が犯人かなあ。

――いや、放火が悪いとは知らないのだ。

――いくらバカでも火をつけて家を燃やすのは犯罪だということぐらいは分かるはずだ……。

パトカーの中でMの様子を観察しながら、伊藤は内心葛藤していた。

「これまで何人も逮捕してきたけど、あのときは拍子抜けだったよ」

伊藤はのちに述懐している。

取調べは伊藤が担当した。放火犯に関してはいくつかの俗説があって、伊藤はそれを信じているが、この男はそれらとも合致していた。

やはりこの男が犯人に間違いない。

伊藤はそう確信する。否、正確に言えば、自分にそう言い聞かせて納得しようとした。

取調官の葛藤

取調室でのMは、なぜ自分がここにいるのかさえ理解できないようだ。

――犯人に違いない。

――犯人に間違いない。

と、自分に何度言い聞かせても、すぐ確信が揺らいでくる。それどころか、Mと対面していると確信が崩れていくばかりだ。

「お前なァ、よっぽど火事が好きみたいだな。ほれ、この写真を見てみろ。お前がうれしそうに見ている。この写真でも」

「ウン、ウン。ボク、火事が好きだよ」

「だから火をつけたんか？」

「うん？」

「火事が見たくて火をつけたのか、と聞いてるんだ」

「？」

やっぱり……。

――この男は、本当はやっていないのではないか。

――そんなはずはない。昔、刑事講習で講師が何度も強調していた放火犯の特徴と一致しているではないか。この男はその条件にピッタリだ。しかも火災現場に戻っている。

念のため男の目の前でマッチを擦《す》ってみた。大喜びである。

やはり……。

伊藤は愕然《がくぜん》となった。

この男は火が好きなだけなんだ……。

Mの家に行ってみた。母親が心配そうにしている。

「本当にあの子が放火したんでしょうか。あの子はとにかく火が好きで、炊事場でガスの火をつけただけで喜ぶんですよ。消防車のサイレンが聞えると飛んで行きます。よほど火が好きみたいです」

Mは放火現場に戻ったのではなく、消防車について行ったから両方の写真に写っていたのだ！

誤認逮捕だったのである。伊藤は悔しそうに言う。

「刑事講習で教えられた放火犯の特徴とピッタリ合致していたんですがね、全く残念でした。Mは単に火を見るとスッとするだけみたいです。逮捕状を取るとき、検事に、もっとほかに証拠はないのかと迫られたけど、両方の写真に写っているから間違いない、と押し切ったんですがね」

定年を前にして、今、東京下町のS警察署に勤務する彼は、当時を思い出しながらそう語っていた。

放火となると、どこの警察も焦るようだ。逮捕が遅れれば住民に多大な損害を与える。非難されるのは警察だ。焦った警察がこうして誤認逮捕を引き起こす。

放火事件には、警察捜査にまつわる二律背反が顕著に、宿命的につきまとっているようだ。

第3章 誤認逮捕の深層

大学を根城にする窃盗グループ

「実は、私も誤認逮捕をしたことがあります」

往年の名刑事Nが肩を落とした。刑事の名誉のために氏名などは伏せておこう。中部地方にある警察本部の刑事部捜査3課に所属している。100件もの余罪を持つ大ドロボウを逮捕したこともある。

「もう、十数年前になりますか」

彼は重い口を開いた。

ある国立大学の構内に根城を置く窃盗グループがあった。構内の一角に寝泊まりし、盗品を隠しているのである。そのことは、刑事の間では既知のことだった。

それだけではしかし逮捕できない。裁判になっても、その人物が実際に窃盗犯であるか、その品物が本当に盗品であるかを立証できないからだ。窃盗犯は現行犯か、犯行直後でなければ逮捕は難しいのである。このため捜査員たちは、狙った男を尾行し、犯行を働いたことを確認してから現行犯逮捕するのが普通である。

が、このときは違っていた。

「ドロボウにやられました」

ほかならぬ、その大学の教授から、研究室を荒らされたという訴えがあったのだ。教授はドロボウの顔も見たと言う。

「あの男に違いない」

Nは大学構内を根城にしている窃盗グループが犯人であると確信した。早速、その男たちの写真を持って教授を訪問する。

「そうです。この男に間違いありません」

教授はグループの1人であるYを指さした。

大学教授が言うのだから間違いあるまい。

「この男が犯人です」と教授が

Yの逮捕状を手にして、Nは大学構内の根城に向った。そこは盗品の山である。パソコン、時計、指輪、ゲーム機など金目のものがうずたかく積み上げられている。Yはそれらを枕にして寝転がっていた。

すでに午前11時だというのにまだ眠っているとは、さては夕べ仕事をしたのか……。

そう思いながら令状を示した。

「Yだな。大学研究室で現金と備品を窃盗した容疑で逮捕する」

「ちょっと待って。俺は研究室には入っていないよ」

Yは否定するが、なにしろ天下の大学教授が間違いないと言っているのだ。

「プロのくせに往生際が悪いぞ」

有無を言わさず、Yを捜査本部に連行した。

「やっていませんよ。俺はいろいろ泥棒したけど、あれだけはやっていません」

「じゃあ、やっていないことを証明してみろ」

「その日、俺は建設現場で作業をしていた」

「本当か？」

半信半疑だったが、調べてみると本当のようだ。教授を呼んで面通しをしてみる。頭をひねって、

イヤー……

と言うばかりで、溜息をついている。

Nは蒼くなった。誤認逮捕となれば課長にまで責任が及ぶのである。が、辛うじて救われた。

「逮捕から48時間以内で、まだ送検前だったから大問題にならなくてすみました」

Nはホッとしたように当時を振り返っていた。

警察は、逮捕から48時間以内は被疑者を独自に拘束できる。それを超えると、身柄は警察に

置いていても、検察の管轄下に入る。こうなると警察だけの問題ではなくなるのである。

「盗品の山があるなら、その件で逮捕できないのですか」

私は訊いてみた。

「本件がダメならダメなんです。いくら余罪があってもね」

窃盗罪が成立するには、いつ、どこで、誰の、何を盗んだかの立証が必要だ。それらを立証できた案件が『本件』であり、それで逮捕した容疑者がそれまでの罪状を自白すれば、余罪として立件できるということである。

大学教授の〝権威〟に目が眩《くら》んで誤認逮捕を犯したNは、盗品の山を前にして手も足も出すことができなかったわけである。

「警察は間違わない」という神話

誤認逮捕――

これは、警察官にとってはどうしても避けたいタブーのようだ。あるキャリア警察官僚が言う。

「誤認逮捕どころか、逮捕状が裁判所で下りなくても大変なことなのです。以前は、請求さえすれば自動的に下りていたのですが、最近はけっこう煩《うるさ》くなりました。警察はしかし、逮捕状は下りて当然だという意識がありますから、幹部は、なぜ下りないのか、よほどいい加減なことをしているのだろう、となる」

次のような信じられない証言もある。警視庁の地域警察官である。

「逮捕状が下りないと、署長の勤務評価にも響きますよ。課長以下、関係者はそろって警視総監のもとに行き、謝らないといけないのです」

まさかとは思うが、この人物は嘘を言う男ではないので、そういうケースもあるのかもしれない。別のベテラン刑事も似たようなことを証言する。

「昔は逮捕状が簡単に取れたけど、今は大変です。1つの証拠だけでは下りない。もう1つの証拠が必要です。そして、逮捕状を請求して1件でも下りなければ、その部署は1年間評価ゼロになる」

評価ゼロとはどういうことか、彼は具体的には言わないが、要するに謹慎期間となるのであろう。どんなに実績を上げても、それはマイナス分を埋めるだけで、一向にプラス評価されない、水面下で足を掻《か》いているだけ……。

逮捕状が下りないだけでそうなのだから、誤認逮捕ともなれば裁判所も巻き込むだけに、さらに厳しい状況に追い込まれる。

「担当者だけでなく、直属の上司と所属長の責任問題にもなります。所属長のその後の昇進にも影響するのです。当然ではないですか。警察は間違ってはいけないのです」

先のキャリア警察官僚が冷たく言い放つ。

「でも、人間ですからね、間違いもあるでしょう」

「警察は権力を持っているのですよ。権力には責任がつきまとう。当然ではないですか」

また、「当然ではないですか」である。

しかし、それはそうだけど……、と言いたいのだが、正論ではある。

というわけで、警察は間違わない、という〝神話〟が維持される。そして現場では、誤認逮捕を避けるべく涙ぐましい〝努力〟がなされているのだが、神様でもない限り、間違いは避けられない。

組織で〝神話〟を守る

どのようにして現場は〝神話〟を守っているのだろうか。

私は、誤認逮捕と分かったとき、現場がどう動くのか訊いてみた。

「仕方がないから釈放だ」

ある刑事が言った。

「でも、上が黙っていますか？」

「そこだ。逮捕するときは担当者、責任者、署長（所属長）とハンコを押すからね。間違いと分かるとみんな責任を問われる」

「それで、潰す？　強引に起訴まで持っていって」

「そういうこともあるかもしれないね。たまに問題になっているけど。私は直接関係したことない。中には卑怯な奴がいるよ。ヤバいと思ったら逮捕手続書に署名しない。裏切り者だよ、仕事を一緒にやっていて」

別の刑事にも同じ質問をしてみた。

「俺は誤認逮捕などしたことないよ。ただ、ヒヤッとしたことはある」

彼は東京下町をパトロールしていた。すると男がミニバイクに乗ってやって来る。よく見ると夏なのに手袋をしている。しかも、ズボンのポケットからドライバーが見える。ドロボウだと思って声をかけた。

「どこへ行くんですか」

「私はペンキ屋です。セールスに来ました」

トンチンカンな答えをしたかと思うと、急に逃げだした。相手はバイク、こちらは自転車だ。ところが、パトカーが待機している広場に逃げ込んだ。パトカーの警察官に、「そいつはドロボウだ」と叫ぶと、捕まえてくれた。彼は興奮して手錠を二重にかけたという。

さて、しかし――

男は何を盗んだというのか。ただ、ドロボウの格好で逃げた、というだけでは逮捕できない。

「このドロボウは、愚かというか、すっかり白状してくれたので助かりました」

職務質問で、「ペンキ屋です」と答え、パトカーの待機場所に逃げ込むくらいだから、賢いとはいえない。そのため救われたようだ。

「もし誤認逮捕となったときは、どうなったと思いますか」

「警察官は非を認めてはいけない。もし上司に、間違えました、と言えば、お前は間違ってはいない、そんなことは言うな、と叱られます。そうなるとみんなで固まってしまう。上司に迷惑をかけないように、組織として固まるのです」

違法捜査を覚悟で、とにかく、組織として裏付け捜査に全力を尽くすわけであろう。それでも裏付けがとれなければ、『デッチ上げ』ということもありえようか。実際、警察による証拠捏造も表沙汰になっている。

そうやって、「警察は間違わない」という無謬《むびゅう》神話を死守している。

警察神話の真相

なぜそうなのか。

元警視庁刑事の鍬本實敏《くわもとみとし》氏が、指揮官の強過ぎる権限についてこう語っていた。

「捜査になぜ間違いが起きるかというと、指揮官の権限が強過ぎるからです。事件が発生した、捜査本部ができる、どういう方針で捜査するか。最初の限られた情報で方針を決める。本当なら、集まった情報をもとに柔軟に修正すればいいのですが、それができない。方針に沿った情報しか聞いてくれないので、現場には不満が溜まってくる。未解決事件の多くは指揮官の責任です」

鍬本氏も、ある事件を『他殺』と確信したが、幹部は『自殺』と決めつけ、氏の意見には耳を貸さなかった。が、のちに真犯人が自供して『他殺』と判明したことがあるという。

幹部の強過ぎる権限――

「警察は間違わない」とは、言い換えれば、「警察『組織』は間違わない」であり、組織の中核にいる「警察『幹部』は間違わない」なのである。

そして、幹部の中枢をなすのが、『警察官僚』。

警察は間違わないという神話は、厳密にいえば警察官僚、さきほど「当然ではないですか」を繰り返していたキャリア警察官僚は間違わないということであり、とりもなおさずそれは、警察官僚組織は間違わない、ということなのである。つきつめれば、国家を牛耳る『霞が関』の権威にまでつながっている。

誤認逮捕を犯した現場が凍りついてしまうのは、この神聖なる警察官僚組織、霞が関国家体制を傷つけることを怖れるからだ。

現場警察官の中で、間違いと無縁な者は恐らくは1人もいない。人間は間違う動物なのである。そのことを日常活動の中で痛感している。熱心な警察官ほど間違いを犯しているかもしれない。

それでも無謬神話の死守が至上命令とあれば、彼らは逃げ道をどこに求めるのか。

ドロボウに助けられた刑事

信じ難い話だが、ある刑事は誤認逮捕した『犯人』に助けられたことがある。以下は、刑事とドロボウの〝友情物語〟だ。

そのドロボウとは、今は足を洗って、北陸地方の島で農業をしているI（62）である。自分が救った刑事の励ましで、ドロボウ稼業を辞めることができた。

Iはその島で生れた。地元では有力な家系で父親は村長をしていた。彼はしかし3人兄弟の次男で、長兄が実家を継ぐことになっている。高卒後、父親は大学進学を勧めたのだが、勉強が嫌いなので地元の電気工事会社に勤めた。が、22歳のとき会社を辞めて東京に出る。

東京ではキャバレーやクラブに勤め、真面目な勤務ぶりが評価されてマネージャーに抜擢された。チップが湯水のように入っていた。そんな彼を心配したのが両親である。東京にやって来て、もっと堅い仕事に就け、と叱りつける。このため千葉の工場で働くようになる。

それが転落への入口だった。

もはや湯水のようにチップは入って来ない。昔の派手な生活は、しかしやめられない。結局、友人知人に借金するようになる。借金しても返せないので、別の知人から借金する。これではいずれ行き詰まることは分かっていた。

そこで、まず独身寮荒らしを考えつく。工場の独身寮にいるので、寮の様子はよく分かる。寮住まいの者は金銭管理がルーズで、現金を裸のまま机やタンスの引き出しに入れておいたり、ひどいときは机の上にそのまま置いていたりする。私自身、単身アパート住まいのとき、机の引き出しに学校の授業料をそのまま入れていたものだ。

しかし、同じ手口の窃盗事件が相次ぐとさすがに警察も犯人に辿りつく。回数を重ねるうちに逮捕された。

刑務所の中は犯罪学校だ。金庫破り、空き巣、夜間侵入などさまざまな手口を覚えた。出所すると、空き巣や忍び込みを始めた。同じ犯行を繰り返せば、捜査側は次の犯行を予測して尾行する。

Iに関しても、まず、根城のホテルが特定され、向かいの部屋の窓から出入りを監視されるようになった。玄関を出ると尾行し、犯行現場で逮捕するのである。Iはしかし、捜査員の尾行を振り切るのが得意なのでなかなか捕まらなかった。

ある日、Q市S町の民家に忍び込んだ。ところが、塀をよじ登るときバランスを崩して道路側の地面に叩きつけられ、足を怪我してしまった。その日は犯行を諦め、病院で手当てをして貰い、根城にしているホテルに戻った。

そのときである。

「Iだな。住居侵入容疑で逮捕する」

今日は〝仕事〟をしていないし、不法侵入もしていないのになぜ逮捕されるのか。民家の塀をよじ登ったといっても、中には入っていない。おかしいと思いながらも、おとなしく警察署に連行された。そこには、Iの連続窃盗事件を捜査するための捜査本部が置かれていた。10署から各2名ずつが派遣され、計20名の現場捜査員と幹部数人で構成されている。現場責任者はドロボウ捜査一筋のK係長である。

「お前は今日、M区の民家に入っただろう。ちゃんと証拠は挙がっているんだ、自白しろ」

主任の肩書を持つ捜査員が居丈高に迫る。Iはしかし、返事をしなかった。違う、と言う気にもならない。主任の態度が気に喰わないからだ。

警察は完全に勘違いしているようだ。誤認逮捕ってやつだな。面白くなったぞ……。

せせら笑うドロボウ

Iは心の中で笑った。一体、何が起きていたのか。

実はその日、都内M区の高級住宅にドロボウが入った。しかし家人に気付かれ、慌てて逃げる。そのとき塀から落ちて怪我をした。その男を目撃した少年が警察に届ける。捜査本部から捜査員が駆けつけて少年にIの顔写真を見せる。

「この男です」

Iは案の定、足を引きずりながら帰ってくる。

「Iに間違いない」

K係長はそう確信して捜査員を動員し逮捕したのである。

主任刑事には返事もしないので、その後はK係長が中心となってIを調べた。Iは人違いだと主張する。長年の経験からみて、Iが嘘を言っているとは思えない。

が、自分が幹部に報告して逮捕状を請求している。誤認なら大変なことになる。そう思ったが、どうにもならなかった。自白を取れないまま48時間が経過し、検察に送った。

「もう、どうにもならなかった。間違っていたとIに謝ればいいけど、そういうわけにもいかない。自分1人の問題じゃないですからね」

「それで、どうなったんですか」

「Ｉが、自分の別の犯行を白状してくれたんです。それで助かった。最初の件は住居侵入だけですから、検察の方でも窃盗犯の方が重いし、やり甲斐がありますからね」

結局、誤認逮捕の件はうやむやになり、闇から闇に葬られたという。

なぜＩは、追及されてもいない犯行を自供したのだろうか。彼は受話器の向こうからその心境を語った。

この刑事のためなら

「私が、この逮捕は間違いだというと、Ｋさんは苦しそうな顔になるんですよ。真面目そうな人でね。顔を合せるたびに、苦しそうな顔になる。本当に申し訳ない、って顔でね。もちろん、間違いは認めませんよ。ただ苦しそうにしている。それで、どうせ俺もワルをやってきたんだ、この男を助けるためにもそろそろ刑務所に入ってやってもいいかな、と思ってね。あの主任が相手なら絶対そんなことはしませんせん」

「それで、別件を自供した？」

「そう、２つの条件をつけてね。１つは新聞に出さないこと、もう１つは、起訴前に一度実家に連れて行け、と。最初の条件は呑んだけど、２番目はダメだった。それでも別件を自供しました」

K係長によると、しかしどこから漏れたのか、Iの逮捕は新聞に載ったという。

判決は3年の実刑判決だった。服役中、父親は自殺した。出所すると、真っ先にK係長に挨拶に行った。K係長は父親の自殺を気にかけていた。

「もう、俺らの厄介にならないでくれ。父親のためにも」

その言葉に、玻璃《はり》のように光る涙を浮かべながら、Iは頷いた。

自分のことをこれほど気にかけてくれる人が、これまでいただろうか……。

手にはいつの間にか千円札がある。K係長が昼食代に、と握らせていた。その後、Iは島の実家に戻り、田畑を耕す毎日なのである。

これは、稀有な美談といえるだろう。現場警察官にとって誤認逮捕がいかに重いものであるかを示している。Iの心を動かすほどに、K係長は深刻に悩んでいたのである。

「もし、Iが余罪を自供しなかったらどうしたと思う？」

私はK係長に訊いてみた。

「ウーン……」

顔を歪めるだけだった。

報道される誤認逮捕は少ないが

現場の警察官たちがこれほど誤認逮捕に神経を遣っているせいか、表面化する事件は少ない。日本弁護士会連合会の人権擁護委員会副委員長、小関眞《こせきまこと》弁護士も、

「誤認逮捕は少ないです」

と認めている。しかし——

「そもそも誤認逮捕があったとして、それが誤認逮捕だと判明するケースは、真犯人が出てきた場合だけです。それ以外では警察は突っ走りますからね。だから誤認逮捕は少ないといえるわけで……」

警察が突っ走って検察に送る。送られた検察はどう処理するか。ドラマの主人公のように体を張って案件を調べる検事はいない。普通は書類審査で起訴不起訴が判断される。多くの場合、よほど証拠が弱いか軽い犯罪でない限り、起訴されるのである。

起訴されれば、99・9パーセントの有罪率を誇る裁判が待っている。真犯人が名乗り出てくれない限り、誤認逮捕は永久に表面化しないわけである。

こうして少なからぬ誤認逮捕は、闇から闇に葬られるのだろうか……。

まず、どの程度の誤認逮捕が表面化し、報道されているのか。

2006年1月から2010年12月までの過去5年間に、全国紙、通信社配信、地方紙などで報道された誤認逮捕の件数を調べてみた。それによると——

２００６年　22件
２００７年　22件
２００８年　16件
２００９年　18件
２０１０年　13件

全国のどこかで、毎月１、２件の誤認逮捕が起きている計算になる。これを見る限り予想外に少ない件数である。しかも、減少傾向にある。

しかし、かなりの件数が闇に葬られているのではないだろうか。実際、私がこれまで触れた誤認逮捕は報道されておらず、あとで触れる別の事件も独自取材によるものは全く報道されていない。報道されない誤認逮捕はどれくらいあるのだろうか。ある刑事は強調する。

「昔は結構あったけど、今はないですよ。隠していて分かったら大変ですからね。全部発表しています」

「緊急逮捕なら逮捕状を取らなくていいから、発表する必要はないのではないですか」

「逆です。緊急逮捕は外部に漏れますから、それこそ秘密にできません」

地域警察官にも訊いてみた。

「誤認逮捕はめったにないです。任意同行ならわんさとあるけどね」

一方ではしかし、1日に1件は全国のどこかで起きているという風説もある。銃刀法違反、器物損壊、住居侵入、わいせつ、公務執行妨害など、比較的軽い犯行に関連する誤認逮捕が潜在しているのではないか。

もっとも多いのは痴漢であろう。このことは警察関係者も認めている。

痴漢は、身に覚えがなくても認めれば世間に知られる心配は少ない。下手に無実を主張すれば、なにしろ被害者が「この人だ」と言っているのだから確実に裁判になり、会社はクビになって社会的に大打撃を受けてしまう。男性にとっては、いかにも厄介なのである。

さらに、証拠不十分で無罪判決が下りた事件でも実際は無実のケースもあり、有罪判決であってものちに無実が判明することもある。これらも誤認逮捕によるものだ。ドロボウの格好をして逃げた男を逮捕したケースや、窃盗被疑者に救われた前述の例のように、結果的に誤認逮捕にならなかった『誤認逮捕』もある。

こうしたケースも誤認逮捕に入れるなら、1日1件、年間365件の誤認逮捕があるという風説は、当たらずといえども遠からずであろうか。

となると全体の1割も表面化していないことになる。それでも年間の刑法犯検挙件数60〜70万件に対して誤認逮捕は0・06パーセント前後でしかない。これを多いと見るか少ないと見るか。

この問題はしかし、数字だけでは片づけられない。全国の誰かが、身に覚えのない犯行を疑われ、逮捕されているのだ。どんなに真面目に法を守っていても、いつあなたが逮捕されるか分からない。そう考えると、これほど恐ろしい〝数字〟はないかもしれない。

誤認逮捕に口をつぐむ地元マスコミ

ところで、誤認逮捕はどの地域でどれくらい起きているのだろうか。都道府県別に見てみる。トップはさすがに東京都である。5年間で11件起きている。以下、神奈川（9）、大阪（7）、兵庫（7）、福岡（7）、三重（5）、愛知（4）、埼玉（3）、岡山（3）、秋田（2）、福島（2）、茨城（2）、千葉（2）、静岡（2）、京都（2）、山口（2）、とつづく。

1件しかないのは、北海道、青森、岩手、宮城、群馬、山梨、富山、奈良、広島、鳥取、徳島、愛媛、宮崎、沖縄の14道県で、残り17県はゼロとなっている。

目を引くのは、大都市名古屋を抱える愛知県が少なく、人口、人口密度とも全国では中位でしかない三重県が目立って多いことだ。同県ではこのことが問題になっており、本部長が刑事課長会議や署長会議で適正捜査を訴えていた。

誤認逮捕をどのメディアがどのように報道しているか調べてみると、興味深い事実に気付いた。誤認逮捕に関しては、大半の地元メディアが無視しているということだ。

政治、経済、社会など一般的な報道をする地元メディアでありながら、共同通信が配信する地元事件を地元紙が報道していない府県は、宮城、福島、群馬、茨城、千葉、静岡、京都、岡山などである。また、共同通信は配信していなくても全国紙やブロック紙が報道しているのに地元紙が報道していない県は岩手、徳島、愛媛、宮崎などである。

埼玉や奈良にも地元紙がありながら報道していないが、それらは生活・娯楽中心のメディアであり、性格が異なる。

一方、地元紙が単独で誤認逮捕を報道している県もある。秋田県の「秋田魁《さきがけ》新報」、兵庫県の「神戸新聞」、沖縄県の「沖縄タイムス」である。地元紙が地元民のために存在するなら、これが本来あるべき姿ではないかと私は思う。

なぜなら、地元紙は全国紙や通信社の数倍の人員を都道府県警記者クラブに配置している。当然、警察内部の奥深くに食い込んでいるはずだ。潜在する誤認逮捕を掘り起こす格好の立場にある。

実情はしかし、逆のようである。

私はある冤罪《えんざい》事件を追っていたことがある。その過程で地元紙の記者とも交流した。彼らは徹頭徹尾、警察寄りの立場であり、そのせいか、警察に好意的な私に接近してきた。通信社や全国紙記者は〝敵〟に見えるが、私は〝味方〟に見えたのだろう。

主任弁護人による記者会見のときだ。最前列に陣取っていた私は、捜査の欠陥を指摘して、これは明らかに冤罪であると意見を述べた。会見が終わると地元紙の記者が近づいてきた。

「さっきの意見は本心ですか」

「そうです。当初は冤罪ではないと思っていたけど、この事件は確実に冤罪です」

以来、彼らは私に近づかなくなった。

地元紙にとって最大の情報源は警察なのである。その警察を敵に回すことは、糧道を断たれることになるのだろうか。部外者の私がとやかく言える筋合いではないが、これで本当の地元愛といえるだろうか。

身に覚えがないのに逮捕されることほど、当人にとって理不尽なことはない。彼らは日頃から、善良な市民として生活してきたはずだ。警察とは全く無縁なところで生きてきた。それだけに、逮捕という事実は、たとえ一時的であっても多大な衝撃を心に与える。家族があればそれこそ悲惨である。

そのことを思うなら、絶対に誤認逮捕は避けるべきであり、起きたときは最善の事後処理をしなければならない。マスメディアは、そのためにも潜行する誤認逮捕を発掘して当局に善処を迫るべきだと思うのだが。

第4章
犯罪は減少傾向だが

1999年に犯罪が急増？

ところで誤認逮捕は、当然のことながら、犯罪があるから起きる。現代日本ではどのような犯罪がどのような頻度で起きているのか。

犯罪白書をめくりながら、私は元警察庁幹部に訊いた。

「統計を見ると、平成11（1999）年以降、認知件数が急に増えていますけど、何かあったんですか。それに検挙率が急減している。警察がまるでストライキをやったみたいだ」

認知件数が急増し始めたのは1998年である。1997年の251万8074件から269万2267件と6・8パーセント増えているが、それは助走に過ぎなかった。翌年はまるで鹿が急斜面を駆け上るように加速度的に急増しているのである。

1999年　290万4051件（7・9パーセント増）
2000年　325万6109件（12・1パーセント増）
2001年　358万1521件（10・0パーセント増）
2002年　369万3928件（3・1パーセント増）

ところが2003年からは、逆に急斜面を駆け下りるかのように急減している。そして2009年は、前年比5・3パーセント減の239万9702件である。急増前の1993年頃の

■ 認知件数、検挙件数、検挙率の推移

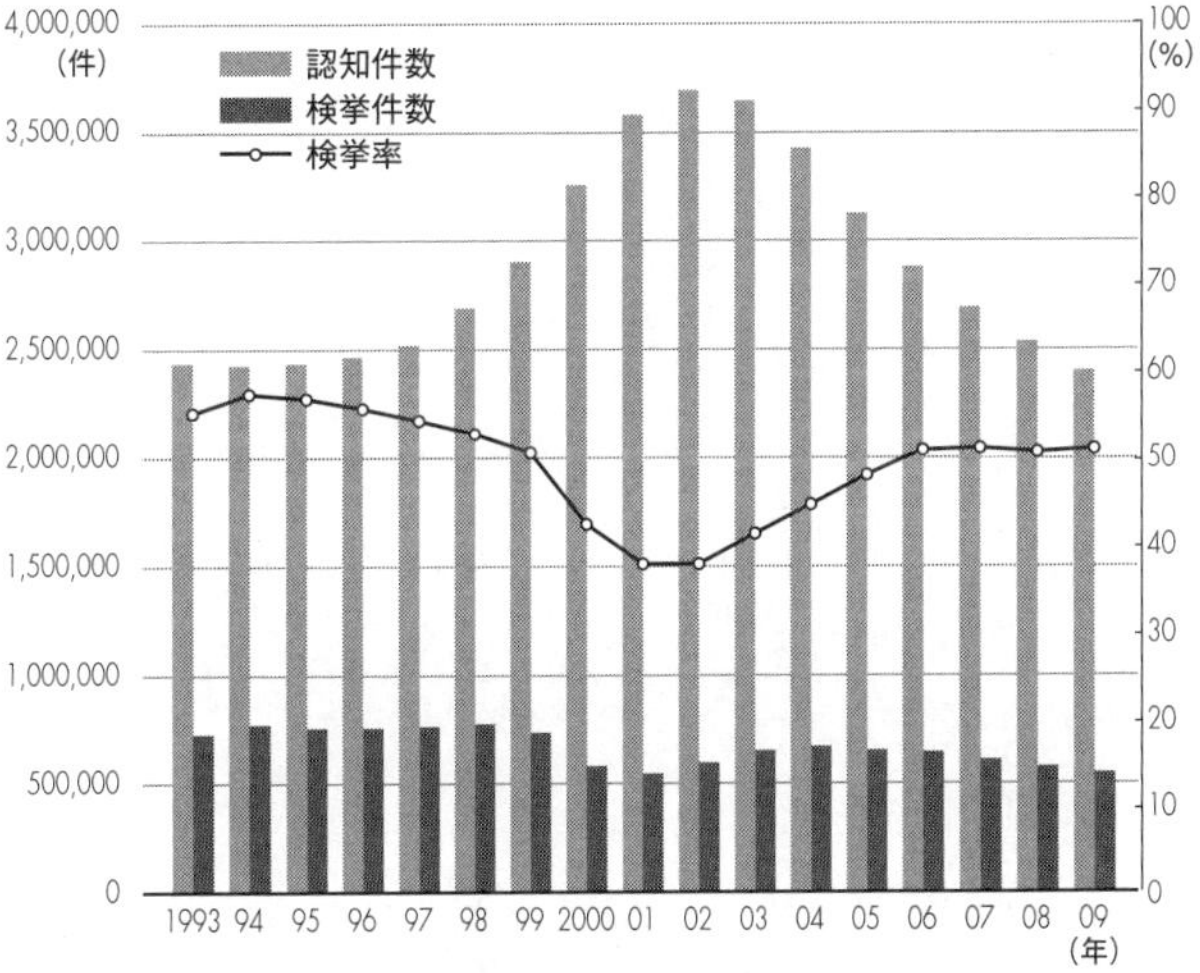

	認知件数(件)	検挙件数(件)	検挙率(%)
1993年	2,437,252	1,359,712	55.8
1994年	2,426,694	1,410,106	58.1
1995年	2,435,983	1,406,213	57.7
1996年	2,465,503	1,389,265	56.3
1997年	2,518,074	1,378,119	54.7
1998年	2,690,267	1,429,003	53.1
1999年	2,904,051	1,469,709	50.6
2000年	3,256,109	1,389,410	42.7
2001年	3,581,521	1,388,024	38.8
2002年	3,693,928	1,432,548	38.8
2003年	3,646,253	1,504,436	41.3
2004年	3,427,606	1,532,459	44.7
2005年	3,125,216	1,505,426	48.2
2006年	2,877,027	1,466,834	51.0
2007年	2,690,883	1,387,405	51.6
2008年	2,533,351	1,288,720	50.9
2009年	2,399,702	1,241,357	51.7

(「犯罪白書」より作成)

件数にまで低下しているのだ。

私から白書を渡された元幹部はしばらく数字を眺めていたが、ニヤリと笑った。

「桶川《おけがわ》ですよ、桶川」

「桶川って、埼玉県桶川市の女子大生が殺された事件ですか」

この事件は1999年10月に起きている。ストーカーに悩まされた女子大生が警察に相談するが民事不介入を口実にまともに対応されず、自宅周辺に誹謗中傷のビラを撒かれ、さまざまな嫌がらせをされても警察は本腰を入れて女性を守らなかった。そしてついに、被害者の女子大生は殺されたのだった。

「その事件がどうしたというんですか」

からかわれた気持になり、私はムッとして訊き返した。元幹部は笑いながら説明する。

「あの頃は、銃撃された國松孝次さん（元警察庁長官）の尽力で犯罪被害者に対する関心が盛り上っていた頃です。平成8（1996）年には警察庁に犯罪被害者対策室がつくられ、平成10年には全国被害者支援ネットワークが設立されました。そして事件のあった平成11年には警察庁が全国の警察に『地域警察部門における女性の安全対策の推進について』という通達を出しているんですよ。それなのに県警は成績ばかり気にして女性の被害を防げなかったのです」

ますます分からなくなる。

桶川事件が検挙率を下げた？

「だから、それと認知件数の急増とどう関係するんですか」

私は声を荒らげた。

「実は、認知件数というのは発生件数とは違うのです。警察は発生した事件すべてを把握しているわけではない。警察が把握しているのは発生した事件の一部です。早い話が、もし女性が殺されていなければ、桶川事件は1つの事件として認知されていないかもしれない。女性が警察に相談しようが被害届を出そうが、警察が受理しなければ事件として認知されないのです。受理して初めて認知される。だから、この殺人事件を反省して警察は、成績など無視してどんな相談や被害届でも受理するようになったのです。だから認知件数が急増し検挙率が下がっている、と、まあこういうわけですよ」

認知については、犯罪統計細則第2条にこう規定されている。

「犯罪について、被害の届出若《も》しくは告訴・告発を受理し、犯罪捜査規範第69条第1項若しくは第78条第1項による事件の移送を受け、又はその他の端緒によりその発生を確認することをいう」

被害者や関係者が関係当局に告訴や告発を行う、110番通報などによって警察に届ける、警察独自の活動によって犯罪発生を知るなど、何らかの方法で犯罪発生の情報を警察がつかみ、確かにこれは刑法に違反する犯罪だと確認した時点で、犯罪が認知されたということになるのである。

もっとも多いのが被害者や被害関係者による届出で、全体の90パーセント以上を占めている。次いで警察活動によるものが6・5パーセント、以下、警備会社など他組織からの届出、告訴・告発、自首などとつづく。

「平成14（2002）年をピークにして認知件数が毎年減って検挙率が上っていますが、この数字も信用できませんね。警察が意図的に減らしているか怠けているか、ということになるのではないですか」

「いや、それは違いますよ。警察の涙ぐましい努力の成果です」

元幹部は苦笑しながら弁解した。

検挙率のからくり

さて、検挙率――

検挙率は、いうまでもなく認知件数に対する検挙件数の割合である。認知件数が増えれば検挙がそれに追いつかず、当然のことながら全く対照的な動きを示す。65ページのグラフを再度見ていただきたい。1995年から徐々に低下していたのだが、1999年から急角度で低下している。

1998年　53・1パーセント
1999年　50・6パーセント
2000年　42・7パーセント
2001年　38・8パーセント
2002年　38・8パーセント

こうして、認知件数がピークを迎えた2002年に底を打ち、その後は急回復しているのである。ちなみに2009年は51・7パーセントで、ようやく1999年の水準まで戻している。

ところで、罪種別に見ると面白いことが分かる。

放火、傷害、強制わいせつ、住居侵入、器物損壊などは認知件数が1999年から急増し、検挙率が急低下しているのに対して、殺人だけは毎年93パーセント以上の検挙率を一貫して維持しているのである。

なぜか。理由は2つある。

1つは、殺人以外の事件は、微罪であれば、刑法に違反する犯罪とするかどうかは警察のサジ加減でいかようにもできる。殺人はしかし、少なくとも人1人の命が奪われるのだから、悪質さに差はあっても発見されれば見過ごせない事件である。だから犯罪発生件数＝認知件数といってよい。もちろん、遺体が発見されないで単なる行方不明として扱われるケースもあろうがその比率は無視できよう。桶川事件によって認知件数が影響されることはないのである。

もう1つは、捜査1課の士気の高さである。刑事を志す者の憧れは捜査1課に所属して殺人捜査に従事することである。私が知っている若い刑事も、殺人担当になったと言って喜んでいる。その高い士気が高い検挙率を維持している。もし殺人事件の検挙率が低下すれば、そのとき、日本の安全神話は完全に終焉したといっても過言ではない。

ちなみに、過去10年間の先進国における殺人事件の検挙率を見ると、日本はもっとも高い検挙率を安定的に維持している。

検挙率がもっとも高かった1996年には98・5パーセントを記録し、もっとも低かった2001年でさえ93・0パーセントなのである。ほぼ毎年確実に95パーセント以上を維持している。

対照的なのがアメリカだ。60パーセント台を低迷している。次がフランスで70〜90パーセント台。イギリスは60〜90パーセント台までバラつきが大きい。

ドイツだけは日本と同じく高い検挙率を維持している。それでもしかし80パーセント台の年もあり、多少バラつきが目立つ。

■ 先進国における殺人事件検挙率の推移

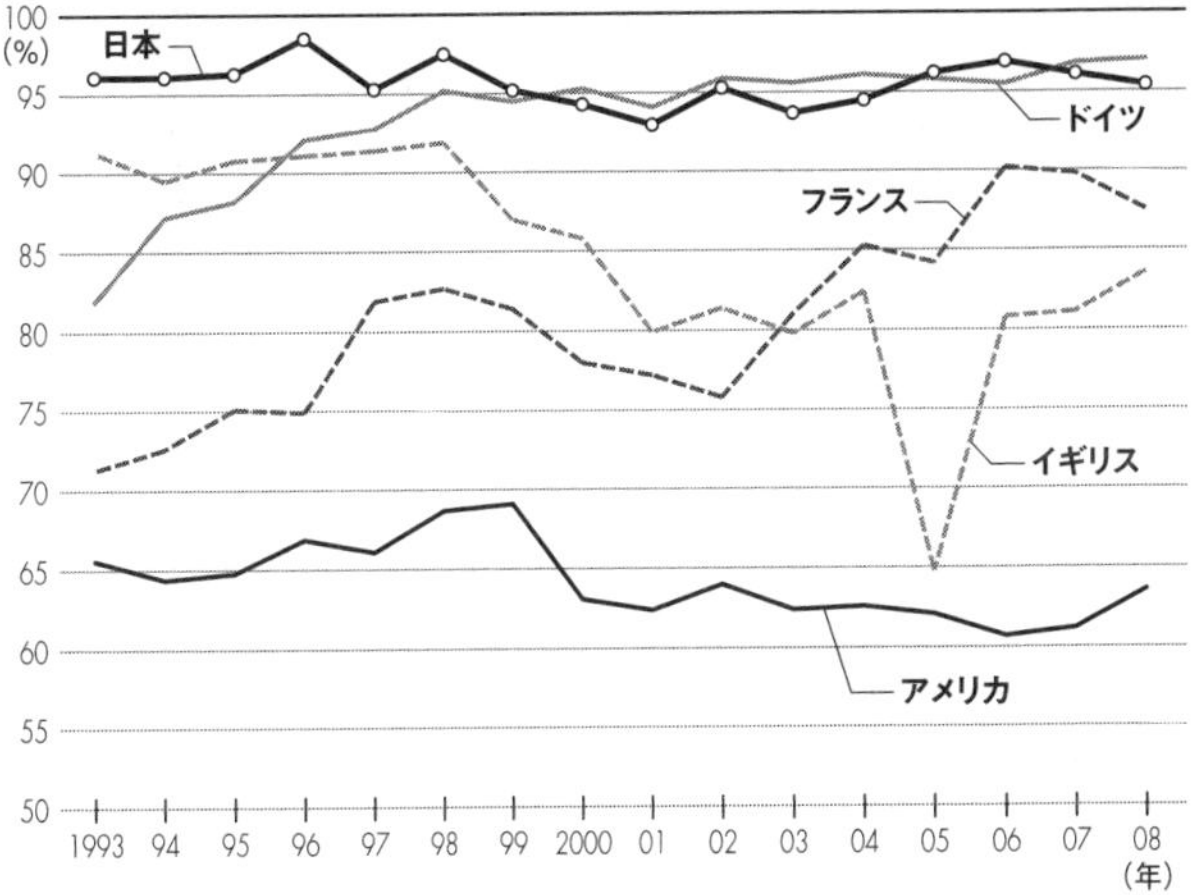

(%)

	日本	アメリカ	フランス	イギリス	ドイツ
1993年	96.1	65.6	71.3	91.3	81.9
1994年	96.1	64.4	72.6	89.5	87.2
1995年	96.3	64.8	75.1	90.8	88.2
1996年	98.5	66.9	74.9	91.1	92.1
1997年	95.3	66.1	81.9	91.4	92.8
1998年	97.5	68.7	82.7	91.9	95.2
1999年	95.2	69.1	81.4	87.0	94.5
2000年	94.3	63.1	78.0	85.8	95.3
2001年	93.0	62.4	77.2	79.9	94.1
2002年	95.3	64.0	75.8	81.4	95.9
2003年	93.7	62.4	81.0	79.8	95.6
2004年	94.5	62.6	85.3	82.4	96.1
2005年	96.2	62.1	84.2	64.8	95.8
2006年	96.9	60.7	90.2	80.8	95.5
2007年	96.1	61.2	89.8	81.1	96.8
2008年	95.4	63.6	87.5	83.6	97.0

(「犯罪白書」より作成)

殺人事件検挙率においては、日本は高位安定して他国を寄せ付けない勢いなのである。

ドロボウ余罪と検挙率

一方、窃盗事件については注意が必要だ。

窃盗は認知件数において一般刑法犯の76・3パーセント（2009年）を占めている。ほかの刑法犯と同じく1999年から認知件数が急増し、2003年から急減しているのだが、認知件数と検挙件数を比べてみると意外なことに気付く。

認知件数がピークになる2001年、2002年は検挙件数が逆に低下しており、認知件数が急減する2003年から増えているのである。

その辺りの事情は不明だが、考えられることは『不送致余罪』の扱いがある。

たとえば、1人のドロボウが捕まった。この人物が窃盗のプロであれば、捕まる原因になった犯罪、つまり『本件』のほかにも窃盗を重ねている。これは『余罪』である。しかし検察に全件を送致するわけではない。何十件と送致しても刑罰の重さには上限があるのでいたずらに手続が煩雑になるだけだ。このため必要最小限しか送致しないで、ほかは不送致扱いにする。

それを『不送致余罪』という。

だからといって、これは闇から闇へと葬り去られているのではない。捜査員は1つ1つの余

■窃盗の認知件数、検挙件数、検挙人員、検挙率の推移

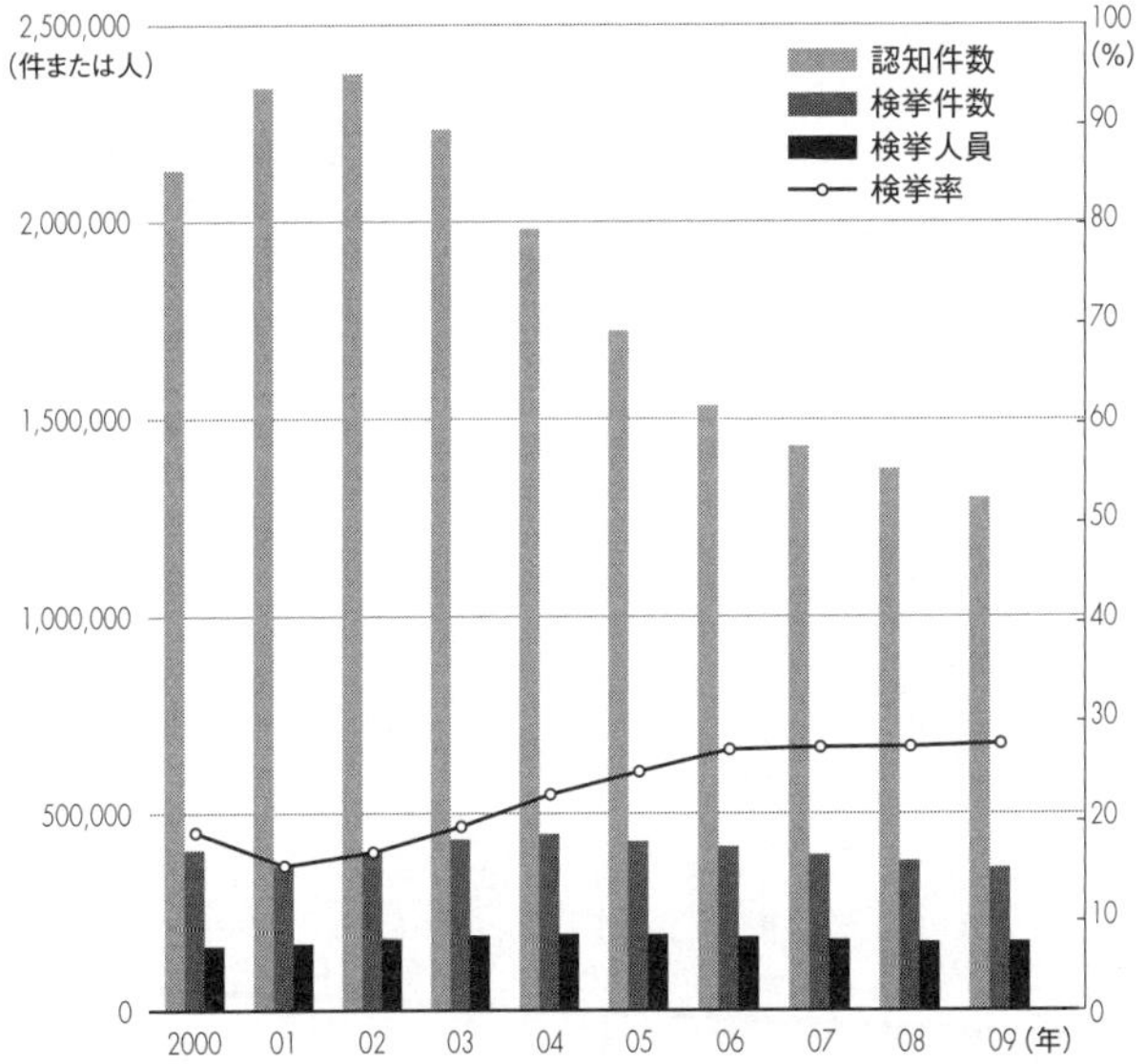

	認知件数(件)	検挙件数(件)	検挙人員(人)	検挙率(%)
2000年	2,131,164	407,246	162,610	19.1
2001年	2,340,511	367,643	168,919	15.7
2002年	2,377,488	403,872	180,725	17.0
2003年	2,235,844	433,918	191,403	19.4
2004年	1,981,574	447,950	195,151	22.6
2005年	1,725,072	429,038	194,119	24.9
2006年	1,534,528	416,281	187,654	27.1
2007年	1,429,956	395,243	180,446	27.6
2008年	1,372,840	379,839	174,738	27.7
2009年	1,299,294	361,969	175,823	27.9

(「犯罪白書」より作成)

罪を被疑者から聞いて現場を調べ上げ『刑法犯検挙票』を作成しているので、統計上は検挙として計上される。図表を見ても分かるように、検挙人員に対して検挙件数が2倍強と極端に多いのはこのためだ。

ところでこれら余罪の中には、被害者からの届出があるものとないものがある。届出のないものはそれまで認知されていなかったのだから、ドロボウが自供した時点で初めて認知される。この場合は、「認知、即検挙」ということになり、その分に限ると検挙率100パーセントである。このため、意図的に検挙率を引き上げているのではないか、と批判されることがある。

そのウェイトはどれくらいか。

2005年3月10日の参議院法務委員会における警察庁刑事局長の答弁によると、不送致余罪に関わる検挙件数は19万3008件だった。このうち何パーセントが窃盗犯の非認知事件だったかは不明だが、2004年の検挙件数（一般刑法犯）が44万7950件であったことを考えると、検挙率の引き上げにかなり〝貢献〟したであろうと推測される。

もっとも、かつて検挙率の水準は現在より非常に高かったが、1986年以降は急低下して現状水準になっている。その理由は、警察庁の方針で検挙率維持より凶悪事件の解決に力を注ぎ、人員をその方面にシフトしたからだ。結果、余罪の多い専業ドロの摘発が減り、あるいは余罪捜査に力を入れなくなって検挙率が低下したのである。

検挙率は警察の〝頑張り〟具合のバロメーターとはただちにはいえないわけである。

好況が外国人犯罪を呼ぶ

日本の治安を揺るがす要因として外国人による犯罪がクローズアップされてきた。次ページの図表を見ていただきたい。日本の景気動向と見事に連動している。バブル崩壊によって不況に苦しみ、「失われた10年」などと言われてきたが、２００２年から２００７年にかけて、腰は弱いものの「いざなみ景気」と呼ばれる好況を享受した。

その間の外国人犯罪を見ると、それまで減少傾向だった検挙件数が２００１年を底にして増加傾向に転じている。そして、経済の上昇局面である２００５年には検挙件数もピークになっている。これは、日本の好況を当てにして来日した外国人が犯罪に手を染めているからだ。外国人の総検挙件数に占める来日外国人の検挙件数比率が２０００年から２００６年までほぼ70パーセント台に乗っているのはこのためだ。

ちなみに、２００９年に検察に送致された来日外国人の国籍を見ると、アジア系が79・３パーセント、次いで南アメリカが13・７パーセントである。アジアのうちもっとも多いのが中国で全体の34・２パーセントを占めている。次に韓国17・９パーセント、フィリピン９・６パーセント、ベトナム５・２パーセントとつづく。

■経済成長率と外国人の総検挙件数に対する来日外国人比

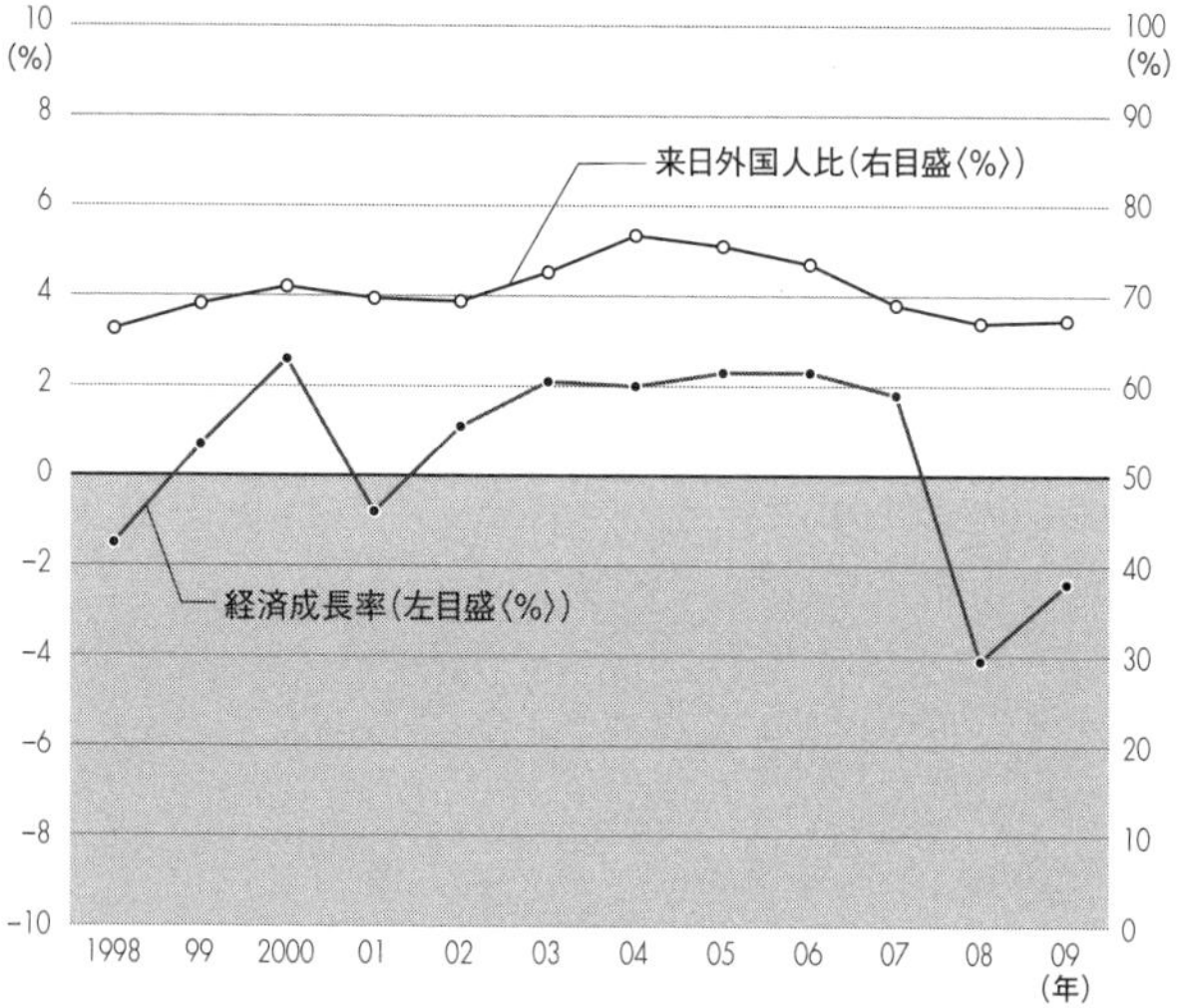

	来日外国人比(%)*1	経済成長率(%)*2	検挙件数(件)	検挙人員(人)
1998年	66.3	−1.5	32,703	10,248
1999年	68.8	0.7	36,382	10,696
2000年	71.0	2.6	32,298	10,963
2001年	69.7	−0.8	26,093	11,893
2002年	69.4	1.1	34,977	13,076
2003年	72.6	2.1	37,535	14,527
2004年	76.7	2.0	41,836	14,766
2005年	75.7	2.3	43,622	14,786
2006年	73.5	2.3	37,365	14,418
2007年	69.0	1.8	37,314	13,339
2008年	67.0	−4.1	34,620	12,611
2009年	67.3	−2.4	30,569	12,365

*1「来日外国人比」とは外国人の総検挙件数に対する来日外国人検挙件数の比率
*2 経済成長率は年度

（「犯罪白書」より作成）

罪種別でもっとも多いのが窃盗で全体の4割を占め、次いで覚醒剤取締法違反、傷害などがつづいている。

最近ではしかし、アメリカと中国が「G2」と呼ばれるようになってきた。犯罪の温床としての日本の地位も今後は低下するかもしれない。

首都東京の治安事情

2005年の国勢調査によると、東京都の人口は1241万5786、昼間人口は1497万7580である。これに対して日本全体の人口は1億2776万7994なので、夜間は9・7パーセント、昼間は11・7パーセントを占めている計算にな

■全国の一般刑法犯罪発生率における東京都の割合

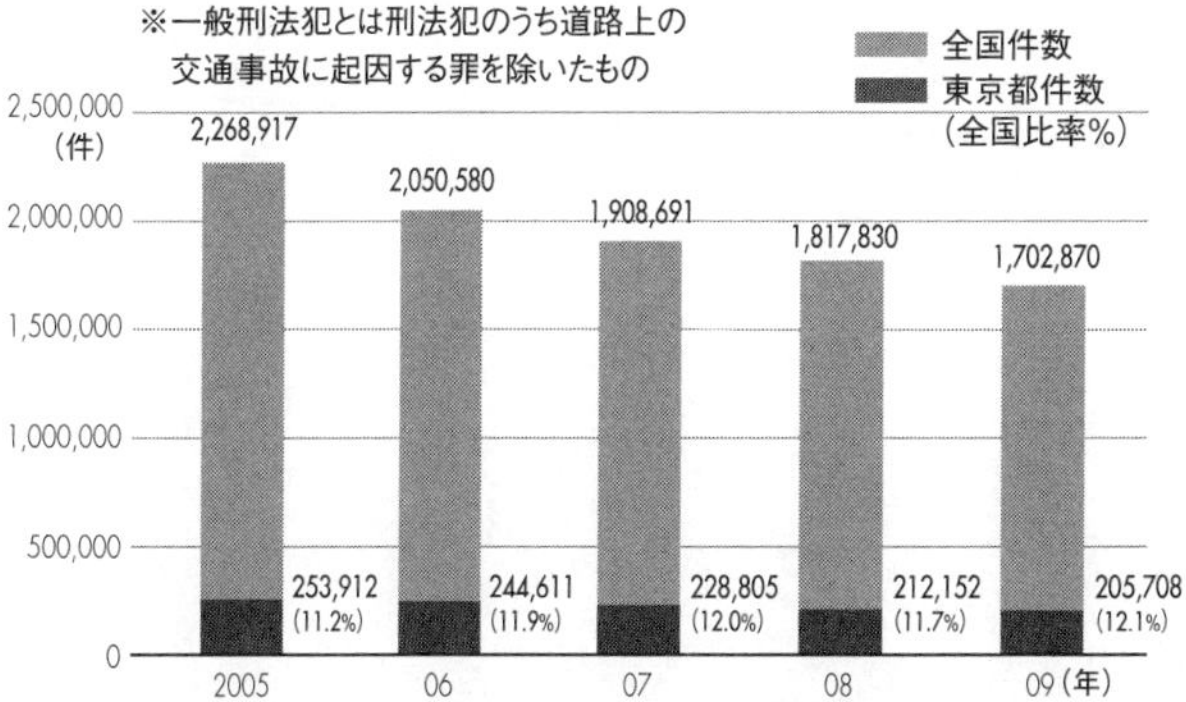

	全国総数(件)	東京都(全国比率)
2005年	2,268,917	253,912(11.2%)
2006年	2,050,580	244,611(11.9%)
2007年	1,908,691	228,805(12.0%)
2008年	1,817,830	212,152(11.7%)
2009年	1,702,870	205,708(12.1%)

(「犯罪白書」および「警視庁の統計」より作成)

る。

犯罪についてはどうか。

2005年から2009年までの推移を見ると、総数では2005年が全国の11・2パーセントだが、その後は少し上昇して12パーセント前後で推移している。2009年も12・1パーセントである。昼間人口をベースに考えると、ほぼ全国平均の犯罪発生率（人口比認知件数）といえる。

罪種別に見ると、2009年の殺人事件数は全国で1094件、東京は120件である。全国の11・0パーセントを占めており、殺人事件発生率に関しては東京も全国も変らないといえる。

殺人と同じく全国並みの発生率を示す犯罪としては放火（9・1パーセント）、傷害（12・1パーセント）、窃盗（11・6パーセント）、公然わいせつ（9・8パーセント）、器物損壊（12・0パーセント）などがある。

一方、住居侵入は全国平均をはるかに下回って6・9パーセントである。

これに対して全国平均をはるかに上回っている罪種は——

強盗（14・6パーセント）、暴行（15・8パーセント）、恐喝（13・7パーセント）、詐欺（16・3パーセント）、偽造（22・5パーセント）、強制わいせつ（14・3パーセント）、占有離脱物横領（17・7パーセント）、公務執行妨害（22・0パーセント）などである。

■東京における罪種別認知件数(2009年)

罪種	認知件数(件)	総件数に対する割合(%)
殺人	120	0.06
強盗	657	0.32
放火	119	0.06
強姦	213	0.10
暴行	4,690	2.28
傷害	3,199	1.56
脅迫	404	0.20
恐喝	760	0.37
侵入盗	10,770	5.24
非侵入盗	139,802	68.0
詐欺	7,369	3.58
横領	214	0.10
偽造	1,305	0.63
汚職・背任	8	―
賭博	37	0.02
わいせつ	1,447	0.70
占有離脱物横領	11,181	5.44
業務上過失致死傷	35	0.02
公務執行妨害	673	0.33
犯人蔵匿・証拠隠滅	26	0.01
住居侵入	1,647	0.80
逮捕監禁	51	0.02
略取誘拐・人身売買	15	0.01
名誉毀損	60	0.03
信用毀損・威力業務妨害	132	0.06
器物損壊	20,380	9.91
その他	394	0.19
総数	205,708	

(「警視庁の統計」より作成)

暴力的、あるいは知能的犯罪が巨大都市東京に集中していることが分かる。

公務執行妨害が22・0パーセントと高いのは、反抗的な住民が多いのか、それとも警察官が強硬なのか。首都の治安を担っている、というプライドが警視庁にあることと関係しているかもしれない。

では、どのような犯罪が東京では多発しているのか。

もっとも多いのが非侵入盗で13万9802件、全体の68・0パーセントを占めている。次に多いのが器物損壊で2万3880件、9・91パーセントである。以下、

占有離脱物横領　1万1181件（5・44パーセント）
侵入盗　1万7770件（5・24パーセント）
詐欺　7369件（3・58パーセント）
暴行　4690件（2・28パーセント）
傷害　3199件（1・56パーセント）

とつづく。

人口が密集し匿名性が高くなると、放置自転車を勝手に乗り回したり、ちょっとした理由で喧嘩になったりするのであろう。地域社会が崩壊すれば、独居老人などを騙すことも容易になる。日本の未来犯罪を先取りしているようだ。

第5章

警察捜査の落し穴

さて、誤認逮捕――

その原因は多様だが、大きく2つに分類できる。1つは、捜査員が罠にはまった格好の誤認逮捕、もう1つは事件関係者による意図的な誤認逮捕である。まず前者のケースを紹介する。

目撃証言の間違い

①下着ドロ事件

2011年1月、千葉県に住む女性のアパートから下着が盗まれた。犯人の姿や、犯人が乗り込んだ車を目撃した女性は千葉東署に被害届を提出する。捜査が始まった。

やがて捜査員が松戸市に住む会社員男性（64）に目をつける。男性はしかし、「身に覚えはない」と否認した。それでも犯人との確信を抱く捜査員たちは、男性を任意同行して調べる。

「やっていません」

男性は取調室で一貫して否認をつづける。被害者の女性に隣室から男性について確認させた。

「服装は確かに似ています。乗り込んだ車のナンバーも酷似しています」

1月12日夜、男性は窃盗と住居侵入容疑で逮捕された。それでも、男性は否認したままだ。否認のまま送検することになるのか……？

13日、異変が起きる。

千葉市内で下半身を露出した男（49）が逮捕され、自宅が捜索された。そこには女性の下着が積み上げられており、その中に被害女性の下着もあった。男に確認すると、その下着は自分が女性宅から盗んだことを自供した。64歳の男性は誤認逮捕だったのだ。

13日夜、男性は21時間ぶりに釈放された。千葉東署の捜査幹部らは14日、男性の勤務先を訪ねて謝罪したという。

目撃証言を重視するあまり、指紋採取などの裏付け捜査が不十分だったのが誤認逮捕の原因だった。

②タクシーひき逃げ事件

２００６年12月末、埼玉県川口市の女性タクシー運転手Sさん（66）の自宅に警視庁交通捜査課の捜査員が突然やって来て逮捕状を読み上げ、道交法違反（ひき逃げなど）でSさんを逮捕した。容疑内容は、ミニバイクと衝突してそのまま走り去り、乗っていた男性会社員（62）を死に至らしめた、というものだ。

警察がSさんを犯人と断定したのは、彼女のタクシーとミニバイクが接触したのを見たという目撃者の証言だった。

逮捕された彼女にも思い当たることがあった。

世田谷区で客を降ろし、空車のまま新宿方面に向かって走っていた。バス停近くにさしかかったとき、男性が運転するミニバイクが車体に接触した。しかし、バイクはフラついてはいたが転倒はしなかった。そのことはバックミラーではっきり確認している。そのバイクがしかし、転倒して運転者が死亡したという事実は間違いないのだろう。何があったのか。どこがどう間違って自分に嫌疑がかかったのか。その点が理解できなかった。

Sさんは取調官に対して事故当時の状況を細かく説明し、バイクとは接触したがバイクは転倒しなかったと強調した。それから数日が過ぎる。

その間、捜査員たちはSさんの供述をもとに確認の捜査をしていた。当日の防犯カメラの再確認、目撃者証言のさらなる確認……。

防犯カメラの映像を再確認すると、確かに目撃者が言うように、Sさんのタクシーとミニバイクは接触していた。ところがさらに細かく確認すると、意外なことが判明した。

彼女のタクシーと接触したときは、主張どおりミニバイクは転倒していなかったのだ。では、誰がひき逃げしたのか。目撃証言ではタクシーに間違いない。

実は、Sさんの車から1分遅れて通過した別のタクシーだった。

Sさんのタクシーと接触したとき、バイクはフラつきながら走りつづけている。そして後続のタクシーと接触し、転倒してしまったのだ。

その運転手は東京都北区王子に住む57歳の男だった。防犯ビデオは、バイクを転倒させながら走り去るタクシーをしっかり捉えていた。

警察官に証言した目撃者は、ちょうどやって来たバスに視界を遮られ、状況を完全に把握していなかったようだった。

誤認逮捕は、ちょっとしたスキに起こる。目撃者の錯覚、先入観、捜査員のちょっとした勘違いや思い込み……。

この誤認逮捕はそれを象徴していた。警視庁交通捜査課長は、しかし誤認逮捕とは認めていない。「目撃証言や物証もあり、証拠隠滅や自殺の恐れもあることから（女性運転手を）逮捕した。誤認逮捕とは考えていない」と強調する。

Sさんはしかし1週間も勾留されている。彼女は逮捕されたその日に事故の詳細を供述し、それをもとに再捜査したはずだ。なぜこれが誤認逮捕ではないのか、理解に苦しむところだ。

③住居侵入事件

２００６年4月24日午前10時45分、三重県警は１１０番通報を受けた。

「不審な男が自宅に侵入していましたが、私が帰宅すると逃走しました」

通報したのは亀山市川崎町の自動車販売修理業Mさんだ。亀山署員はすぐに現場に駆けつける。

「犯人は慌てて逃げたようで、リュックを残しています」

リュックの中にはパチンコ店のおしぼりが入っていた。署員はリュックを押収し、Mさん宅から逃げた男の人相、特徴を聞き出して現場を捜査した。すると現場近くに車が停まっており、座席にはリュックにあるおしぼりと同じものが置いてある。人相、特徴もMさんの証言と同じだ。署員は運転手のHさん（62）に職務質問し、Mさん宅に入ったかどうかを確認する。

Hさんは頑として否認する。しかし人相、特徴が似ている、賊が置き忘れたおしぼりと同じ店のおしぼりを持っていることを理由に逮捕した。

取調室で捜査員が調べるが、Hさんは一貫して否認する。その後の捜査によっても、確実な証拠が挙がらない。送検はしたものの、結局、勾留期限の20日目に処分保留で釈放された。

誤認逮捕と判明したのは7カ月後の11月21日だった。

10月に入って兵庫県警から、別の住居侵入容疑で逮捕した無職男が亀山市での犯行を自供しているとの連絡があり、再捜査の結果、誤認逮捕と判明したのである。

三重県警刑事企画課は「目撃証言を過信した。再発防止に努める」としている。

④窃盗事件

２００５年1月25日午後0時5分ごろ、宮崎県都城市内の農業男性（62）が帰宅したとき、自宅から逃げる若い男を目撃した。自宅内を確認したところ、空き巣に入られて現金数万円が盗まれている。男性は即座に１１０番した。

都城署員が駆けつけて現場付近を捜査する。やがて、目撃情報とよく似た服装の若い男が発見された。職務質問するとまだ高校1年生である。授業をサボっているようで、怯えている。

「この付近で窃盗事件があった。キミはここで何をしている？」

などと追及され、とうとう「自分がやりました」と自供、男性宅への侵入場所を示して「盗んだ」という紙幣を財布から出した。

同日午後2時19分、男子高校生はその場で緊急逮捕される。

ところが、同署での取調べでは否認に転じた。なぜ嘘の供述をしたのかと訊くとこう言った。

「認めれば自宅に帰してもらえると思いました」

同署はこのため、現場の足跡と指紋が男子高校生のものかどうかを県警に照会する。

不一致である。誤認逮捕だった。同日午後7時50分、高校生は釈放された。

しかし同署は誤認逮捕については県警に報告せず、継続捜査扱いにしていた。

誤認逮捕が公になったのは２００６年1月21日だ。

２００５年４月に鹿児島県警が住居侵入、窃盗容疑で逮捕した無職男（22）が自供した余罪の中に都城での事件も含まれていたという。宮崎県警によると、連絡ミスなどによってそのことが分からず、丸１年間、嫌疑不十分のまま継続捜査扱いにされていた。

都城署の副署長は、「結果として誤認逮捕になり、少年と家族に大変申し訳ないことをした。再発防止を徹底したい」と話している。

一方、宮崎県警首席監察官は、「逮捕行為が適正だったかなどを調査した上で、事件の担当者らを処分すべきか判断する」としていた。

⑤万引き事件

２００９年２月17日午後４時頃、名古屋市港区木場町のスーパー。

３人の若者が店内をうろついている。うち１人はひときわ目立つオレンジ色のジャンパーを身に着けている。やがて３人は目指す棚に辿りついたようだ。あんパン、ジャムパン、調理パンなどが並んでいる。彼らはそこから１９００円相当の商品を衣服などに仕舞い込み、会計をしないまま立ち去った。

気付いたのは２人の警備員である。３人を追いかける。が、若者たちの足にはかなわない。逃げられてしまった。

即座に110番通報、所轄の署員が駆けつけた。警備員2人は若者の人相、風体などを説明する。大きな手がかりは若者の1人が着ていたオレンジ色のジャンパーだった。

午後5時。

警察官が付近をパトロールしていると、港区内のパチンコ店に同じ色のジャンパーをまとった若者がいる。警察官は、まだ高校生と思しき童顔の少年に声をかけた。

「キミ、ちょっと、そのジャンパーはキミのだね」

答えが曖昧である。少年は警察署まで任意同行された。署では刑事が住所、氏名などを確認する。まだ高校2年生である。

取調室の隣室では件の警備員が少年を観察している。

「あの少年が犯人の1人であることに間違いありません」

警察は少年を緊急逮捕した。それでも男子生徒は否認する。そこで念のため防犯カメラの映像と照合してみた。

違っていた。

万引き犯と思われる男3人がパチンコ店の防犯カメラの映像に残されていたのだが、その中に男子生徒はいなかった。男子生徒が犯人と同じジャンパーを着ていたのは、犯人のジャンパーを預かっていたのだ。

万引き仲間は目立つジャンパーを利用して生徒を盾にし、警察に一杯喰わせていたのであろう。警備員が間違ったのもジャンパーのせいであろうか。

犯人と酷似していた

①スーパー万引き事件

2009年12月20日、東京都足立区のスーパー――

1人の中年女が手提げカバンを左手にキョロキョロと店内を物色し、電化製品売り場の前でピタリと止まる。そっと辺りをうかがう。誰も見ていないと思ったのか、商品棚に体を寄せるやすかさずコードレスアイロンを右手に取って手提げカバンにすべり込ませた。そして、別の売り場へ。

いつもと様子の違う女に気付いた警備員は不審に思って観察した。女がカバンに入れた商品は15点（約2万2000円相当）である。いつもは精算するはずが、今回はレジの脇を素通りしてそのまま店外に出て行った。

素早くあとを追い、駐輪場で呼び止める。ギクリとしたらしい女は、店内に戻るどころかカバンと自転車をその場に置いて逃走した。

所轄の西新井署に連絡すると署員がやって来る。警備員は事情を説明し、犯人は分かってい

ると告げる。署員が防犯カメラの映像で確認すると、

「この人です。この女に間違いありません」

警備員の確信に満ちた証言で捜査員も、その女性が犯人であるとの心証を固める。やがて女性の自宅を突き止め、任意同行して当日のアリバイを求めた。

明確なアリバイを答えられない。女性への容疑は強まるばかりだ。犯人がしかし、身元の分かる自転車を放置して逃げるだろうか。

捜査員は自転車の登録者を調べ、そこに電話してみた。

「妻は自転車を盗まれたと言っていました」

自転車の持主である39歳主婦の夫がそう証言する。

これで間違いない。犯人は盗難自転車だから放置して逃げたのだ。

捜査陣はそう考え、警備員の証言と防犯カメラの映像を根拠に女性の逮捕状を裁判所に請求、事件から1カ月後の2010年1月26日、女性を通常逮捕した。

ところが、逮捕した女性は一貫して否認する。嘘を言っているようにも思えない。捜査員たちは念のため自転車の持主の女に会うことにする。

玄関に出て来た女を見て驚いた。髪型、体形、顔つきが逮捕した女性と瓜二つ、面識のある警備員が間違ってもおかしくないほど酷似していた。誤認逮捕だったのである。

翌日、22時間25分の拘束を解かれ、女性は釈放されたのだった。

自転車の持主が真犯人として逮捕されたのは、女性を釈放してから約1カ月後、事件発生から2カ月後であった。誤認逮捕のショックで、本人が犯行を認めてからの逮捕となった。

この場合は、自転車がもっとも有力な物証である。その証拠を軽視して、警備員の目撃証言に囚われてしまった、そこに大きな罠があった。

②落書き事件

2007年1月27日、福島県郡山市の自営業Mさん（30）が、知人の衣料品店店長F（25）とともに、器物損壊容疑で逮捕された。前年11月に同市中町の雑居ビル2階の踊り場にある分電盤に落書きをしたという容疑である。根拠は、防犯カメラにF店長のほかにもう1人の男が映っており、その男がMさんに酷似している、というものだ。

Mさんは、任意同行された当初は否認していた。しかし、防犯カメラの映像が酷似している、お前に間違いないと追及され、認める羽目になってしまった。

しかし、逮捕にクレームをつけたのがMさんの家族だった。落書きしたとされる時間帯には家族と一緒にいたという。このため家族が弁護士に依頼して再捜査を申し立て、その結果、アリバイが確認された。

Mさんが釈放されたのは、逮捕から8日後の2月4日だった。

防犯カメラの映像はモノクロが多く不鮮明である。とくに深夜の映像は判断を間違いやすい。捜査はその陥穽《かんせい》に落ちた感がある。郡山署副署長は次のように謝罪していた。

「男性と家族にはおわびしたい。今後は適正捜査に努めるよう捜査指揮を徹底し、部下職員の指導に万全を期したい」

③痴漢事件

2005年12月1日、高校3年生の女子生徒がつくばエクスプレス守谷駅で男にスカートをめくられた。生徒は茨城県警取手警察署に被害届を出し、この痴漢を見た友人が同月6日、顔の似た男性を見つけて「この人が犯人に間違いない」と伝えた。

男性は28歳の専門学校生。任意同行を求められたが、取調室では、

「やっていません」

と否認する。しかし警察は茨城県迷惑防止条例違反で男性を逮捕し、地検は起訴したのだった。誤認逮捕と判明したのは、犯行時間帯に別の場所にいたことが分かったからだ。明確なアリバイがなかったら、恐らくは有罪判決が下りてその後の人生は大きく狂わされたであろう。

④強盗致傷事件

２００８年8月4日未明、大阪府八尾市の路上で会社員男性２人が若い男３人にキャッシュカードなどを奪われ、近くのコンビニエンスストアのＡＴＭに連れて行かれた。しかし男らは現金が引き出せず立腹し、２人に暴行を加えて重軽傷を負わせ逃げた。

強盗致傷事件である。

通報を受けた府警は、コンビニの防犯カメラの映像などから少年２人を割り出して逮捕状を取り、同月24日朝、任意同行を求めた。ところが２人のうちの１人、左官工の少年（19）は同行を拒否する。防犯カメラの映像から犯人と確信している捜査員は、このため任意同行から逮捕に切り替えて連行した。

取調室でもしかし少年は一貫して否認をつづける。

それでも警察は拘束をつづけた。ところが、もう１人の容疑者である大学生の少年（19）は任意同行に応じ、取調べに対して別の名前を共犯者として供述したのである。

誤認逮捕だったのだ。逮捕から7時間後、左官工の少年は釈放された。

府警少年課長は次のように弁明している。

「任意同行の時点で事実確認すべきだが、現場の判断で逮捕した。非常に申し訳なく、今後、誤認逮捕がないよう捜査したい」

世の中には顔が瓜二つの人間が3人はいるという。防犯カメラの映像は不鮮明である。それでも防犯カメラは犯人逮捕にたびたび威力を発揮している。ついつい、捜査員も頼りがちなのである。

それにしても、左官工の少年がおとなしく任意同行に応じていたらどうなっていたか……。警察官は少年の〝自己主張〟に対してムキになり過ぎたのかもしれない。

⑤恐喝事件

2006年8月初め、群馬県邑楽《おうら》郡邑楽町の男性（41）宅に2人の男がやって来た。1人は知人だがもう1人は知らない男だ。2人は金を借りろという。不要だと断ったものの何度も押しかけて来ては借りろという。

同月5日、とうとう根負けして25万円を借りた。その担保に実印と印鑑登録カードを持って行かれた。

同月8日、今度は別の男2人がやって来た。2人とも面識はない。25万円の担保として乗用車を持って行くという。乗用車は250万円相当だ。頑として断るが強引に持ち去られた。男性は大泉署に被害届を出して捜査が始まる。

捜査の結果、容疑者4人が浮上する。同署は、被害男性の顔見知りは1人しかいないので、容疑者を確定するため複数の写真を被害男性に示した。男性は写真の中から4人を加害者として選び出した。警察はその指摘に従って4人の家宅捜索など身辺を洗いだす。

9月8日、捜査の結果、4人は逮捕された。

ところが、乗用車を脅し取ったとされる51歳男性が、取調べに際して強硬に否認する。再捜査の結果、この男性に関しては誤認逮捕だった。釈放されたのは逮捕から5時間後である。

真犯人が逮捕されたのは、9月20日だった。その日、同署は誤認逮捕した男性の自宅を訪れて謝罪した。男性は損害賠償などを含めた補償は要求していないという。

警察は通常、真犯人を逮捕してから誤認逮捕を認めて釈放することが多いのだが、同署は、誤認逮捕が判明してすぐに釈放している。逮捕後の措置としては理想的といえよう。

誤認逮捕を発表した群馬県警は、

「立ち回り先など、容疑者と同じ部分があり誤認した。裏付け捜査が不徹底だった」

と陳謝している。

検査ミス

①覚醒剤使用事件A——三重県桑名市

2007年4月17日未明、三重県桑名市の路上を歩いていた男たちに警察官が職務質問した。

1人の男が強硬に抵抗する。このため警察官はその男を公務執行妨害で逮捕した。

ところが、一緒にいた男性がいつの間にか姿を消している。不審に思った警察官は、職質で分かった連絡先に連絡を取り、同日午後、任意同行を求めた。男性は22歳の無職である。覚醒剤中毒を疑った警察官は男性に尿の提出を求めた。男性は気軽に応じる。

鑑定を依頼した科学捜査研究所からは、『陽性』の回答。警察は男性を覚醒剤取締法違反容疑で逮捕した。

身に覚えのない男性は抗議する。再三の抗議に警察は科捜研に再検査を依頼する。今度は、『陰性』である。何が起きていたのか。

科捜研は『陰性』『陽性』と書かれた2通りの回答用紙を用意しており、容疑者名などを記入して各部署にファクスで送っている。男性の尿の覚醒剤反応は『陰性』だったのに、担当者が誤って陽性の用紙に記入した。用紙を送信する前に3、4人がチェックしたが、誰も誤りに気付かなかったという。

県警本部長は、反省の弁を語っている。

「単純ミスではあるが重大な誤りであることに変りはない。ミスの芽を早く摘めるよう対応していきたい」

三重県では、2006年4月に亀山署が住居侵入事件で誤認逮捕（前出）、2007年1月には津署が窃盗事件で誤認逮捕している。相次ぐ誤認逮捕で世論は大騒ぎ、わざわざ県警本部長が弁明する羽目になったようだ。

②覚醒剤使用事件B—福岡県朝倉市

2007年10月29日、福岡県朝倉市の無職男性（34）が覚醒剤を使用しているとの情報が県警に入る。

県警は同日、自宅を捜索。注射器などを押収した。男性も、

「3、4日前に覚醒剤を打った」

と供述しており、腕に注射跡もあったため署に任意同行して尿を簡易鑑定した。結果は『陽性』。逮捕したのだった。

が、それは誤認逮捕だった。

県警科学捜査研究所の本鑑定では陰性だったのである。簡易鑑定では誤った結果が出ることが少なくない。このときもそうだったのであろう。

本人が自供し状況証拠があっても無罪放免になることもある。法律とは難しいものである。

③覚醒剤使用事件C—山口県下松《くだまつ》市

２００９年6月24日午後、32歳の無職男性が、
「交通事故を起こしたかもしれない」
と、山口県警周南署に出頭してきた。乗って来た車には、しかし事故の形跡がない。男性の言動が不審なので、署員は覚醒剤使用を疑って尿の提出を求めた。簡易鑑定では『陽性』である。男性を緊急逮捕した。

送検へ向けて翌25日、科学捜査研究所で本鑑定を行う。結果はしかし陰性だった。誤認逮捕だったのである。

逮捕から18時間後に男性を釈放した。県警組織犯罪対策課は「風邪薬の成分によっては、簡易鑑定で陽性反応が出ることがある」と説明している。

男性は風邪薬で酩酊状態になったのだろうか。くわばらくわばら。

④大麻所持事件A――東京都新宿区

２０１０年9月、23歳の専門学校生K君が東京都新宿区の繁華街を歩いていると背後から声をかけられた。振り向くと制服警察官である。

「暇そうだね。何をしているのかね」

「…………」

警察官は自分より明らかに年下である。高卒で警察官になってまだ1、2年しか経っていないようだ。それなのに人を見下したような、偉そうな口振りなので答える気にならなかった。

「なんのために昼間からこんな所をぶらついているんだ！」

警察官は怒ったように声を荒らげる。

「昼間にぶらついてはいけないのですか」

「何を！　生意気な」

ここで年配警察官が割って入る。

「ちょっとさあ、これ任務だからさあ、気を悪くしないでくれよ。その荷物をちょっと見せてくれないかなあ」

K君は自尊心を傷つけないその丁重な〝申し入れ〟に全面的に協力することにした。カバンからは、授業の教材やパソコン部品が出てくる。不審な物は入っていない。次は身につけた所持品だ。上着のポケットからタバコの箱が出て来た。

「キミ、タバコを吸うのかね」

「僕は吸いません。この箱は友達から貰ったのです。デザインが面白いから」

「そうなの。ちょっと中を見せてくれないかなあ」

中にはタバコの葉のようなものが入っている。

「これは大麻ではないのかね」

若い警察官が本署に応援を求めた。駆けつけたのは55歳の男性警部補である。薬物の検査に慣れている。その場で予試験をしたところ大麻の反応が出てきた。

「K、大麻所持の現行犯で逮捕する」

K君は手錠をかけられ、パトカーで本署に連行された。これはしかし誤認逮捕だった。

警部補が署に戻り、別の警察官と一緒に検査したところ普通のタバコだった。現場での検査が違っていたのである。

⑤大麻所持事件B──兵庫県神戸市

2011年3月22日午後1時頃、兵庫県警生田署に通報があった。

「中央区のホテルで男が薬物のようなものを持っています」

駆けつけた署員が無職男性（31）の所持する葉巻を簡易検査すると、確かに大麻反応が出た。

検査結果をもとに追及すると、男性は容疑を認める。男性を午後2時に現行犯逮捕して署に連行した。

ところが取調室では、

「ハーブのつもりで買った」

って いたことが判明した。同署によると、現場が暗く、試薬が変化したと見間違えたという。
男性は午後8時に釈放された。

⑥大麻所持事件C——大阪府茨木市

2007年7月3日夕、茨木市に住む無職女性（20）の知人男性が、「同居の女性が大麻を持っていて様子がおかしい」と、袋入りの粉末を交番に届けた。当直だった巡査部長が簡易検査を行ったところ、大麻とよく似た反応が出る。

4日午前2時半頃、女性を逮捕した。ところが同日朝、府警科学捜査研究所の正式鑑定により、粉末は大麻ではないことが判明した。茨木署が調べたところ、巡査部長は使用した試薬の変化を見誤っていたという。

警察は8時間後に女性を釈放した。同署によると、初めて大麻検査に携わった刑事課の男性巡査部長（42）が勘違いしたといい、同署は女性に謝罪した。

女性は当初から「友人から買った合法ドラッグ」と否認していたのだが、〝科学〟の力に押し切られていた。

府警ではその2年前、生活安全部が管轄していた薬物捜査を刑事部に移管したばかりで、刑事課勤務が長い警察官は薬物検査の経験が浅いという。

『指紋』という落し穴

①窃盗事件

神奈川県に住む日系ペルー人のⅠさん（41）は、ある機械メーカーの労働者として2年契約で日本にやって来た。現在は永住権を取得している。

２０１０年1月27日のことである。

「Ⅰだね。建造物侵入および窃盗容疑で逮捕する」

両手に手錠をかけられた。

事件は5カ月ほど前の２００９年9月に起きていた。茨城県稲敷郡阿見町の居酒屋に深夜、ドロボウが入った。居酒屋にはしかし貴重品や現金は置いていない。金目のものといえばレジスターである。ドロボウはレジスターを外して持ち去っていた。しかし、なぜか小銭入れだけは床に落ちている。その小銭入れにⅠさんの指紋が残っていた。このため警察は彼の犯行を疑っているのだ。

１９９９年以前に来日した外国人登録者は指紋を採られており、Ⅰさんの指紋も保管されていたのである。

身に覚えのないIさんは否認する。

「私は茨城県には行ったこともないのです」

「行ったことのない人間の指紋がどうしてレジスターについている。指紋が1人で歩いて行くわけじゃあるまい」

取調官は迫る。レジスターと聞いてIさんは思い出した。神奈川県の機械メーカーに勤めているとき、レジスターの組み立てラインを担当したことがある。そのことを説明すると捜査員は調べたようだ。しかし、容疑は晴れない。

「確かにレジスターの組み立てをやっていたようだ。しかし盗難に遭ったレジスターは、お前が退職したあとに出荷されている」

Iさんの希望は打ち砕かれ、48時間後に送検されてしまった。水戸地検はしかし、レジ部品の指紋だけでは証拠として弱いと判断したようだ。逮捕から22日目に不起訴処分(嫌疑不十分)として釈放したのだった。

Iさんはしかし、証拠不十分で不起訴のままでは納得できない。弁護人を通じて被疑者補償請求を申請し、再捜査を求めた。

驚くなかれ、警察側は真相を隠していた。別件で千葉県警に逮捕されていた容疑者が阿見町での事件をすでに白状し、消えていたレジスターも出て来ていた。そのことは茨城県警にも連絡済みだった。にもかかわらず県警は無視して再捜査をしていなかったのだ。

面子を必死に守ろうとする警察組織の姿が鮮明に浮かび上るのである。

②車上狙い事件

2005年4月、千葉県市川市内の駐車場で乗用車内からカーナビなど十数点（時価約20万円相当）が盗まれるという事件があった。警察が捜査に動く。

窃盗事件捜査の鉄則はまず現場検証だ。指紋や足紋など犯人に結びつく物証がないかを探す。鑑識員が車内の指紋を採取していると、カーナビを抜き取ったあとの枠の部分に指紋が残っている。その部分に白いアルミ粉末を振りかけて浮き上らせ、透明なフィルムに移し取った。犯人がカーナビを外すときに誤ってつけたに違いないと思ったのだ。

もし犯人が過去に何らかの理由で指紋を採取されていれば警察に保管されているはずだ。前科がなくても警察はあらゆる機会を利用して指紋を集めている。

車に残されていた指紋は登録されていた。30代の会社員男性である。

事件から1年2カ月後の翌年6月12日に逮捕された。交通事故か何かで指紋を採取され登録されていたようだ。

逮捕された男性は、しかし心当たりがない。

「車に指紋が残っている」

と取調官は言うが男性には全く思い当たることがない。そのうち、自動車修理工場で働いていたのを思い出した。

捜査員が調べると、まさしくその車は男性によって修理されていた。釈放されたのは、逮捕から15時間後だった。

捜査において指紋は有力な物証である。その物証が手に入ると捜査員は有頂天になり、とかく捜査に手抜かりが出てしまうようだ。

親切が仇に

①傷害事件

2009年6月、神奈川県横浜市旭区で男性3人が被害に遭う傷害事件があった。逮捕されたのは同市泉区の26歳男性Pさんだ。ところが2日後に密かに釈放されていた。

なぜか。

事件は同月18日午前2時半頃に飲食店駐車場で起きた。都内から来た20代男性3人が、乗用車から降りて来た20代半ばの男3人に暴行を受けた。通報を受けた警察は捜査に乗り出す。やがて目撃証言などから容疑者の車が特定され、緑色Tシャツの男が運転していたと判明する。警察は車の所有者であるPさんを割り出して被害者にその写真を見せた。

「この人に間違いありません」

被害者の証言で警察はPさんを逮捕したのだった。Pさんはしかし頑強に否認する。

「車は知人に貸していました」

警察はこのため再捜査する。近くの防犯カメラに映っている緑色Tシャツの男は、体形などがPさんとは違っている。このためPさんを釈放したのだった。

朝日新聞が入手した警察資料には、

「Pさんを緑色Tシャツの男と特定して逮捕状を請求した根拠が無くなった」

「Pさんと緑色Tシャツの男は別人」

「本件に関与していない可能性が高い」

「疑いが晴れたわけではなく継続捜査中で、釈放は逃走、証拠隠滅の恐れがないため、と対応する」

などとある。釈放した時点では表向きまだ誤認逮捕を認めていなかった。

誤認逮捕を認めたのは9月1日、横浜市保土ケ谷区の会社員（24）を暴力行為等処罰ニ関スル法律違反で逮捕したその日である。会社員男性はすでに被害者との示談が成立しているため書類送検に切り替えたという。

旭署副署長は、「このようなことが起きないように、裏付け捜査を徹底します」と弁明し、Pさんに対しては謝罪している。

車の所有者でしかも被害者の証言がある。この点が警察捜査の落し穴だった。

②脅迫事件

２００６年2月14日午後9時25分頃、神奈川県横浜市栄区長沼町の路上――

乗用車を停めてたむろしていた少年（19）ら数人が、帰宅中の近くの男性会社員（38）とタバコの灰を巡ってトラブルになった。少年たちは「殺すぞ」などと脅す。

男性会社員の１１０番通報で署員が駆けつけ、このときは双方が引き下がってトラブルは治まった。署員は少年の運転免許証を確認しただけですませる。

ところが翌15日、会社員が被害届を出したのである。栄署は現場にあった乗用車を手がかりに捜査をつづけ、3月10日早朝、少年と乗用車の所有者である厚木市内の男性会社員（38）を脅迫容疑で逮捕した。

だが、会社員は容疑を否認。「自宅にいた」とアリバイを主張したため同日午後に釈放した。会社員に関しては誤認逮捕だったのである。

会社員は乗用車を少年に貸しただけで現場にはいなかった。親切が仇になったわけである。

警察官の勘違い、思い込み

①窃盗事件

「オレは盗んでなんかいないよ」

東京下町の路上。ひったくりを疑われ、警察官に職務質問された暴走族は抗弁する。

「お前に決まっている」

警察官は少年を睨みつけた。

「証拠、あんのかよ」

「生意気言うな。ちょっと本署まで来い」

「無理やり連れて行くのか？　証拠もなしに犯人扱いするのかよ」

「任意同行ってやつだ。下手に抵抗すると公務執行妨害で逮捕するぞ。ワルの大将ならそれくらい分かっているだろ」

「ようし、盗みの疑いをかけられたんじゃ面白くない。警察で白黒つけてもらうとするか」

東京の下町ではその頃、女性を狙ったひったくりが頻発していた。8月にはA町で2件、9月にN町で1件、K町で2件、そして10月に入って、まだ中旬なのにA町で2件、N町で1件だ。住民からの苦情が相次ぎ、警察は要撃捜査を始めた。犯行の時間帯や場所を予測してパトカーなどで警戒にあたる。盗犯捜査のベテラン係長を中心に3人の刑事が投入され、これを地域課員が手伝う態勢になっていた。

犯行状況を分析すると、犯行場所は路地裏、時間帯は深夜11時過ぎから午前1時過ぎ、と分かった。そんな折、事件が発生する。

午前1時40分頃、スナックでアルバイトを終えた37歳の女性がいつものように自転車で帰宅していた。その日は給料日だった。H町4丁目交差点を通過し、狭い路地にさしかかった。気がつくと、いつの間にかバイクが後ろから尾《つ》いて来ている。バイクを先にやるため自転車を左側に寄せ、徐行した。だが、相手も速度を落としているようで、なかなか追い越さない。

おかしいと思った女性が右側を振り向くと、その瞬間、バイクが急接近してきた。そして追い越しざまに自転車の前カゴに入っていたバッグをひったくり、そのままスピードを上げて走り去った。バッグには給料十数万円が入っていた。

慌てて１１０番する。要撃捜査陣はしかし、現場から遠く離れたN町で見張りをしていて犯人を追跡できなかった。

翌日の朝、女性宅に電話が入る。犯行現場近くの住人からだ。広場に女性のバッグが落ちているという。中に女性宛ての手紙が入っていたので分かったようだ。警察に連絡、捜査が始まった。

手がかりは女性のバッグについた指紋だが、警察には登録されていない。そんな折、捜査陣に耳寄りな情報が入って来た。

「Kの金回りが急によくなったみたいだ」

Kとは件の暴走族のことだ。

「よし、Kを叩け。金回りがよくなった理由を問いただせ！」

警察官たちはKを探し出して任意同行、取調べが始まったのである。

Kはそのとき、10万円ほど財布に入れていた。中年男性から脅し取った金だ。どちらにしても犯罪行為による金だ。取調官の求めに応じて財布を机に投げ出す。大金を見た取調官はKの犯行を確信する。

「この金はどうした！」

「………」

黙秘である。ひったくりで逮捕するならするがいい。誤認逮捕になってあとで吠え面をかくに決まっている。それで一件落着だ……。

Kはそう思った。心配だったのは、恐喝された会社員が被害届を出しているかどうかだ。幸い出していないようだった。相手に落ち度があったのだから届けられないのだろう。

「お前がやったんだな？」

Kはうす笑いを浮かべた。

「そうか、やったのか。分かった、お前を窃盗容疑で逮捕する」

いつの間に準備していたのか、すでに逮捕状が下りていた。

検察はしかしKの勾留請求をしなかった。バッグの指紋がKのシロを〝主張〟していたからだ。これは警察の早まった誤認逮捕だった。

ひったくり事件の捜査で警察がまず目をつけるのは、悪評高い近所のワルである。そのワルが大金を持っていれば、犯人と決めつけがちだ。そこに落とし穴がある。

②誘拐事件

２０００年４月24日、兵庫県西宮市――

大学教授のHさんは研究に必要な書籍を購入するため、さくら（現、三井住友）銀行西宮支店のキャッシュコーナーへ向った。銀行の前には人相の悪い男３人がたむろしており、不審に思った。しかし、キャッシュコーナーを利用している客がいるので問題はないと思う。

午後３時44分、現金３万円を引き出して財布に仕舞い込み銀行を出ようとした。すると２人の男が両腕をやにわにつかみ銀行の床に押し倒した。

あまりに突然のことで声も出ない。てっきり強盗に襲われたと思った。男たちは無抵抗の教授を起こし、銀行の外に連れ出した。外では別の4、5人の男がやって来る。教授は声を振り絞って事情を訊いた。

「重大事件が起こったんだ」

男たちが警察関係者らしいことは、このとき初めて分かった。

「警察だというなら、証明書を見せろ」

が、見せない。ただ、「重大事件」を繰り返すばかりだ。両腕をつかまれたまま銀行の脇に連れて行かれた。住所、氏名、職業などを訊かれる。キャッシュカードや携帯電話を見せ、さらにはカバンの中身まで見せた。それでも警察官は教授を解放しない。それればかりか写真を2枚撮っている。しかも、近くにはテレビ局のカメラマンらしい男がいてカメラを回している。

そんな中で教授は警察車両に乗せられた。事実上の、これは逮捕である。

「なぜすぐ釈放しないのか」

「連行する理由を説明しろ」

教授は車内で抗議する。警察官はしかし、

「署で詳しい説明をする」

「われわれは上から命令されているだけなので何も言えない」

の一点張りである。

兵庫県警西宮署では2階の取調室に連れて行かれた。そこでようやく1人の警察官が警察手帳を見せて名乗り、誘拐事件が神奈川県で起きていることを明かした。

教授が連行された理由は、身長が170センチで黒い服を着ていたからだ。不運なことに、教授が現金を下ろした時間帯に、犯人がさくら銀行西宮支店で現金を引き出すという情報があったという。しばらくして署長が取調室にやって来た。

「あなたが身長170センチで黒い服を着ていたからこうなりました。警察も一生懸命なので許していただきたい」

教授は抗議した。

「職務質問もしないで突然捕まえるのはおかしいではないか」

「私はあとから現場に行ったので、詳しいことは分かりません」

「身長と服装だけで捕まえるとはどういうことか」

「そう言われれば返す言葉もないが、われわれも一生懸命やっていることを理解してもらいたい」

「誤った捜査をしながら、ごめんなさいだけで帰すようなことをしょっちゅうしているんだろう」

「私が西宮署に来てから謝るのは初めてだ」

「私に暴力をふるった者をここに連れて来て土下座して謝ってもらわないと、到底、許す気になれない」

「そんなことができるはずがない」

「弁護士に電話したい」

「………」

結局、議論はすれ違いのまま、教授は警察署の車で自宅に送られた。その後、教授は兵庫県を告訴して勝訴している。

身長、服装、現金引き出しの場所、という3点セットの合致が誤認逮捕につながった。そしてテレビ取材というスポットライトが、警察にとっては途中であと戻りを出来なくしてしまったようだ。

③道交法違反A―同乗者を共犯に

2008年11月19日午前1時25分頃、福島県警郡山署の30代巡査部長は深夜のパトロールをしていた。

市道に入ると、ヘルメットをかぶらずに走行するオートバイを発見。停止を求めたが、信号無視や一方通行逆走などの違法行為を繰り返す。約10分間の追跡後、オートバイはエンストして停止した。

運転していたのは郡山市内の18歳少年だ。道交法違反で逮捕した。オートバイの後部座席には同市に住む県立高校生の少女（18）が同乗している。巡査部長はその女子高生も共犯の疑いで逮捕した。

実際はしかし、同乗しただけでは共犯にならない。誤認逮捕である。やりとりを無線で聴いていた本署担当者はそのことに気付き、巡査部長に釈放を指示、逮捕約1分後に釈放した。

わずか1分間とはいえ、無実の少女に手錠をかけている。県警は同署を訪れた少女と家族に謝罪したという。

④道交法違反B——運転者取り違え

2008年6月30日午前0時15分頃、岡山県倉敷市に住む作業員少年G（17）とアルバイト店員の少年Y（17）がバイクに乗って県道を走っていた。Yが運転し、Gは後部座席に乗っていた。

いつの間にかパトカーが尾行している。2人はコンビニの駐車場に入りそこで停止した。パトカーも停止して玉島署地域課の50代男性警部補が降りてくる。

「このバイクは2人乗りできない。運転していたのは？」

2人は答えない。警部補はこのため、逞しいほうのGが運転したと思いこみ、道交法違反（定員外乗車）の疑いで現行犯逮捕した。

実際はしかし違っていた。目撃証言やその後の調べによって、運転していたのはYであることが判明する。誤認逮捕だったのである。

同署は逮捕から約2時間後にGを釈放し、Yに対して同容疑で反則切符を切った。が、誤認逮捕したGも無罪とはいかない。同じく道交法違反（乗車方法違反）の容疑で書類送検した。

県警交通指導課によると、少年2人は当時、いずれも黒っぽい服にフルフェイスヘルメットをかぶっていたため警部補らが見間違えたという。

⑤道交法違反C──酒気帯び運転

2007年5月10日、茨城県行方《なめがた》市を警察官がパトロールしていると、軽自動車の運転手がシートベルトを外したまま運転しているのを発見した。追跡すると途中で見失ってしまった。それでも車が走り抜けたはずの方向に進むと、ある屋敷内にその車は停まっていた。傍に男が立っている。自動車整備業の男性（45）である。

警察官は男性に職務質問を始め、本署からの応援を求めた。パトカーで駆けつけた警部補がアルコールを検査する。その結果、基準を超えるアルコールが検出された。

「酒気帯び運転で現行犯逮捕する」

警察官は男性を逮捕した。本署に連行された男性は運転を否認する。

「何を今さら否認するのだ。お前が運転していたのは分かっている」

警察官は全く取り合わない。男性は無力感に打ちひしがれながら、留置場で一夜を過ごした。

翌日、1人の男が署にやって来た。

「軽自動車を運転していたのは私です」

男性の知人だった。警察官は誤認逮捕した男性に迫った。

「あんた、車の運転席側に立っていたろう」

「はい。ただブラブラしているうちにいつの間にかそこに立っていたのです」

「なぜ呼気検査を拒否しなかった」

「職務質問では協力する方がいいと思ったからです」

「誰が運転していたのかはっきり言えばよかったではないか」

「最初から私だと決めていたようだし、言える状況ではなかったんです」

男性が釈放されたのはその日の夕方だった。約30時間にわたって不当に拘束されていたわけである。

車の傍に立っていたという〝偶然〟が、警察官を勘違いさせていた。

⑥公務執行妨害

２００６年7月12日午前0時10分頃、兵庫県川西市内の路上を2台のミニバイクが走っていた。付近をパトロールしていた川西署の巡査がバイクに乗っている少年２人に職務質問するために停止を求める。１人は指示に従って停止するが別の１人は逃げようとする。このため巡査は少年の肩に手をかけるが、少年はそのまま走り、巡査は約40メートル引きずられて手などに1週間の怪我を負った。

応援に駆けつけた複数の署員が、付近で別の少年を発見して巡査に確認させる。

「バイクで逃げたのはこの男に違いない」

巡査の証言でその少年を公務執行妨害と傷害の容疑で緊急逮捕した。

やがて誤認逮捕が判明する。

同日午前10時半頃、バイクで逃げた16歳少年が同署に出頭したのである。先に逮捕された少年が釈放されたのは13日午後6時半頃だった。しかし、この少年はミニバイクを盗んでおり、その容疑で釈放5分後に改めて窃盗容疑で逮捕された。

誤認逮捕が思わぬ〝収穫〟を挙げたわけである。

警察保管データの間違い

①ひったくり事件

神奈川県横浜市――

2009年11月のある日、女性経営者のPさんは、旭区の飲食店で食事を楽しんでいた。現金約3万3000円を入れたショルダーバッグは隣の椅子に置いてある。そのバッグを、奥の席にいたらしい男がひったくり、そのまま逃げた。

110番通報すると警察官が飛んで来た。Pさんは犯人の人相などを訊かれるが、突然のことで印象に残っていない。幸いにもその店はおしぼりを出していた。

おしぼりにDNAが残っているはずだ……。

捜査陣はそのおしぼりを科学捜査研究所に送ってDNAを検査し、警察庁に登録されているDNA型と照合した。1つがヒットした。参考までに、警察庁のDNA型記録検索システムには2010年2月末時点で容疑者本人の型情報8万2209人分が登録されている。

ヒットしたのは横浜市在住の30代会社員である。警察が男の写真を持ってPさんに確認するが、やはり人相、風体は印象に残っていない。

捜査員は逮捕状と家宅捜索令状を携えて会社員宅に押しかけ、室内を捜索した。

「私ではありません」

「そんな店に行ったことはありません」

男性は犯行を強く否定する。嘘を言っているようでもない。被害品につながる証拠も自宅から出て来ない。捜査員は逮捕状の執行は控え、任意同行する。男性は取調室でも否認する。捜査陣は男性の諒解を得たうえでDNA鑑定をしてみた。

違っていた。検索システム登録のそれとは全く違っていたのである。

何が起きていたのか。DNAの検査自体は間違っていなかった。だが鑑定前の段階で、別人の検体と男性のそれが取り違えられていた。

なぜ初歩的なミスが起きたのか。男性はかつて横浜市内でひき逃げ事件を起こしたことがある。そのとき県警は男性を逮捕してDNAを採取したのだが、同じ時期に別人のDNAを採取しており、科捜研に送るとき取り違えていたのだった。

真犯人と思われるDNA型の本来の持主は、しかし所在不明である。科学は間違わなくともそれを扱う人間が間違うこともある。

②不法残留

2005年9月28日、福島市の路上で警察官が鍵のついていない自転車に乗っている中国籍の男性（67）に職務質問した。男性は日本語が十分にできない。パスポートの提示を求めても持っていない。

警察官は男性を任意同行した。福島署は男性について東京入国管理局に問い合わせる。

「在留期間が99年12月までで、それ以降は更新されていません」

家族に連絡すると、『永住許可』と印字されたパスポートと外国人登録証明書を持参した。同署はしかし、偽造の疑いがあるとして不法残留の容疑で逮捕した。

逮捕後、家族は同署に、「永住許可を得ている」と訴える。

再び東京入国管理局に照会すると回答は同じである。が、男性の家族は納得しない。このため警察は仙台入国管理局に照会した。

家族が訴えるように男性は永住許可を得ていた。東京入国管理局のデータに誤りがあったのである。その原因は不明とされる。男性の娘（28）は嘆く。

「福島署からの電話で父が不法残留の容疑で同署にいることが分かりましたが、逮捕を知ったのは翌日の新聞でした。入国管理局への再確認を再三依頼したのですが、在留期限が切れていると言ってまともに対応してくれませんでした」

〈当局の記録に誤りなどあるはずがない〉

という〝信仰〟が家族を地獄に追いやったようだ。

第6章

〝故意〟がつくる誤認逮捕

知人の虚偽供述

①ひき逃げ事件A——後輩の裏切り

2005年8月、岩手県釜石市——

神奈川県から父親とともに出張していた塗装工のTさん（28）は仕事に出ようと玄関を出たとき、突然、7、8人の男たちに囲まれた。警察官である。

「Tだね。道路交通法違反で逮捕する」

Tさんにはピンときた。

約2カ月前のこと。後輩のE（21）が東京で、友人を同乗させていた車でひき逃げ事件を起こしていた。Eは出頭すると言っていたのだがまだ躊躇しているのだろう。警察は誤解しているのだ。経緯を話せば分かってもらえる。安心して東京に連行された。

着いたのは警視庁玉川署だ。捜査員は住所、氏名、年齢、職業などを確認し、容疑は道交法違反（ひき逃げ）と業務上過失致死であると伝えた。すかさず、Tさんが弁明した。

「違います。私はその事故については聞いていています。運転したのはEで、同乗者はKです。私は乗っていません」

「先輩だからといって、後輩に罪を押しつけるのは卑怯ではないか」

「本当です。私はその夜はコンビニにいました」

「店員と口裏でも合わせたんか。お前、自分が罪を犯しておいて、後輩になすりつけるばかりか、店員にまで偽証罪を犯させるつもりか」

「本当です」

「うるさい！　反省するまで壁に向ってしゃべっていろ。そんな嘘など聞く耳は持たない」

Eらは警察に対して、Tさんが運転し、Kが助手席、Eは後部座席にいたと証言していたようだ。警察はその証言を信用していた。

あくまで否認するTさんは接見禁止となり、無実を訴えられる相手は国選弁護人だけだった。

やがて公判が始まる。EとKは検察側証人として出廷し、

「運転したのはT先輩でした」

Tさんは叫び出したくなるほどの衝動に駆られていた。このままでは有罪にされてしまう。

救いの手を差しのべたのは友人たちだった。無実を信じた彼らはE周辺から、

「Eは車を神奈川県愛甲郡清川村の山中に捨てたらしい」

という情報を聞き出し、行方不明になっていた事故車を探し出した。事故車さえ出てくればハンドルに指紋が残るなど、誰が運転していたかは一目瞭然だ。Eはやむなく運転を認め、Tさんの無実が明らかになった。

Tさんが『勾留解除』を告げられたのは2006年6月である。無実の容疑で10カ月にわたって勾留されていた。

まさか後輩が先輩に罪をなすりつけるとは、警察は思ってもみなかったようだ。友人たちの働きがなければ、Tさんは有罪判決を下されて刑務所送りとなったであろう。

②ひき逃げ事件B――少女を生贄に

2005年1月20日午前11時45分頃、静岡県浜松市の交差点で、乗用車が右折する際に対向してきたバイクに衝突した。このためバイクに乗っていた無職男性（32）は右太もも骨折など2カ月の重傷を負う。乗用車はしかし、負傷した男性をそのままにして逃走した。

ひき逃げ事件の捜査は、現場に必ず何らかの証拠品が残るので、時間はかかってもほぼ100パーセント犯人が捕まる。この場合もそうだった。逃げた乗用車が特定され、その所有者が取調べを受けた。

同年3月、浜松中央署に任意同行された菊川市の無職男性N（36）はしかし否認する。

「そのとき私は運転していません。少女に貸していました」

被害者の男性もこう証言をする。

「髪の長い女が運転していました」

同署はその供述をもとに浜松市内の中学生の少女（15）を業務上過失傷害と道交法違反（ひき逃げ）容疑で逮捕した。少女はしかし一貫して否認する。結局、否認をつづけた少女は不起訴となり8日後に釈放された。その後、車の所有者であるNが11月に同容疑で書類送検されたのだった。

取調べに対してNはひき逃げと虚偽供述の理由をこう語っている。

「浜松にいることがばれるとまずい事情があったので現場から逃げました。親しい少女の名前を出して申し訳ないことをしました」

それにしても、被害者はなぜ少女が運転していたと証言しているのか。

恐らくNは、浜松で浮気相手の女とドライブしていたのであろう。浮気を隠すために中学生少女を生贄にするとは、邪悪な中年男である。

③傷害事件

2006年4月26日、京都府警が傷害事件に関して誤認逮捕を発表した。

前年8月5日深夜のことだ。京都市中京《なかぎょう》区の路上で、歩いていた伏見区の自営業者が車と接触して運転手と口論になった。そのうち両者は激高し、運転手は相手を殴って怪我を負わせてしまった。

その後、自営業者が告訴したようだ。翌年4月11日になって運転していた会社員男性（21）が傷害容疑で逮捕された。

取調べで運転手は、

「自分1人ではなく、助手席にいた友人男性も一緒になって殴った」

と供述する。その友人とは会社員男性（22）だという。このため、その会社員男性も共犯として逮捕される。しかし男性は、

「身に覚えはない」

と一貫して否認する。

実は誤認逮捕だった。同月25日になって市内の20代土木作業員が同署を訪れ、

「助手席にいたのは自分です」

と名乗り出たのである。運転していた男に確認すると、

「仲の良い友達なので作業員をかばいました」

それならなぜ、単独犯行であると頑張らなかったのか。会社員男性にとっては迷惑な話だ。

④暴力事件

「夫が娘に暴力を振るいました」

2005年7月15日午後7時過ぎ、埼玉県警に110番通報があった。署員が駆けつけると、訴えどおり長女（1歳5カ月）の顔には約1週間の怪我がある。警察は帰宅した夫（32）を任意同行し、16日未明に逮捕した。

夫はしかし、当初から容疑を否認しつづけ、アリバイを主張する。調べるとその主張は裏付けられた。このため警察が通報した妻（29）を追及すると虚偽通報だったことを認めた。

その理由について語っている。

「夫との生活が嫌だったのです」

妻にそこまで嫌がられているとは、夫は想像もしなかったであろう。愛と憎は隣り合わせなのである。

犯人の虚偽供述

窃盗事件

2003年9月、三重県津市新町3丁目のガソリンスタンドで現金約7万3000円が盗まれた。捜査の結果、47歳の男が容疑者として浮上、津署は同年12月に逮捕した。

ところがこの男は単独犯行ではないと強調し、共犯者として住所不定無職の56歳男性の名前を挙げた。男性はしかし住所不定である。逮捕状を取ったものの行方が分からず、執行できなかった。

２００５年11月10日、津市江戸橋３丁目で傷害事件が起きた。被害者は行方不明になっている男性だ。警察の聴取を受けるうち、自分に逮捕状が出ていることが分かる。何がどうなっているのか理解できないまま男性は逮捕された。

しかし、男性が逮捕されたことを知った47歳男は、直後にそれまでの供述を変えた。自分の単独犯行だったと打ち明けたのだ。

翌11日、男性は釈放された。

窃盗事件といっても金額は10万円にも満たない。共犯者を引き込んでも罪状は変らない。なぜ知人まで犯行に引き込もうとしたのか。

「男性からいじめられていたので陥れてやろうと思った」

と話しているという。同署は、

「捜査が不十分だった。男性には申し訳ないと謝罪し、しかるべき対応をとる」

としており、津区検察庁は警察署に留置された２日間について金銭で補償する旨を男性に通知した。国の被疑者補償規定では、１日当たり最高１万２５００円が支払われるとされている。

これでは納税者までトバッチリを受けたことになる。

本人の虚偽供述

①酒気帯び運転

2007年4月11日午前、神戸市兵庫区の市道――

巡回中のパトカーが2人乗りのミニバイクを発見した。停止を命じるがそのまま逃走、約500メートル走ってからようやく停止した。乗っていたのは会社の上司と部下で、運転席にいたのは部下、後部座席は上司である。停車すると後部座席の上司は降りたが、部下はそのまま運転して逃げようとする。このため部下を逮捕した。のちに酒気帯びも判明、定員外乗車と酒気帯び運転の容疑で神戸地検に送検した。

ところが違っていた。

上司も酒を飲んでおり、運転していたのは自分だと言っている。部下が運転を認めたためいったんは帰宅させていたものの、パトカーが撮影したビデオを詳細に分析し、部下に対して詳しく当時の状況を聴取したところ、

「上司がハンドルを操作していた」

と供述したのである。ビデオには上司が後部座席からハンドルに手を伸ばし、終始運転している姿が映っていた。

2人は酔った勢いでいわゆる〝二人羽織〟をやっていたのだ。虚偽供述をした理由について

部下は、

「上司には世話になっていたので自分が運転していたことにしました」

警察官の勘違いと部下の上司思いが誤認逮捕を生みだした。

②あて逃げ事件

2010年10月12日、埼玉県警草加署があて逃げ容疑で誤認逮捕していたことが判明した。

事件は6月7日に起きていた。

草加市の交差点で安全確認を怠ったバイクとワゴン車が衝突した。バイクに乗っていたのは16歳の無職少年である。少年はバイクを押しながら逃げる途中、高校1年生の男子生徒（16）にバイクを隠すよう指示した。生徒はバイクを隠すべく移動させる。ところが現場近くでバイクを押しているところを見られていた。

警察に通報され、10月5日に道交法違反（あて逃げなど）で逮捕されたのだった。

誤認逮捕が判明したのは4日後の9日である。捜査員が男子生徒を事情聴取すると、運転を認めるものの説明が不合理なので疑問に思って再捜査した結果、事故を起こしたのは無職少年と分かったのである。

男子生徒はしかし、改めて証拠隠滅の疑いで逮捕された。

「オレがばかだっただけ」

男子生徒は面会に来た母親に言ったという。頼まれると嫌と言えない性格が災いしたのかもしれない。

③バイク窃盗

２００９年1月10日午後3時頃、福岡市東区香椎浜の商業施設の駐輪場でバイクが盗まれた。すぐに署員が出動、付近にいた無職少年（16）を職務質問すると犯行を認めたので逮捕した。

ところが4日後、高校1年生の男子生徒（15）が署にやって来る。

「バイクを盗んだのは自分です」

誤認逮捕だった。犯行を認めた無職少年にその理由を質すと、

「後輩をかばうためでした」

自分は無職、後輩は高校生である。ダメージは自分の方が低いという判断だったか。

同署は犯人蔵匿容疑などで少年を福岡地検に書類送検した。少年の容疑には、男子生徒から盗んだバイクを預かり、一緒にガソリンを盗んだという、盗品保管と窃盗容疑も含まれている。

1つの犯行で2人が刑罰を問われたことになる。下手にかばい立てはしない方がよさそうだ。

④旅券不携帯

２００８年10月31日午後1時半頃、横浜市鶴見区のドラッグストアで歯ブラシを万引きしたとして41歳の女性が店員に取り押えられた。女性は中国語の訛りが強い。

鶴見署の取調べで、捜査員が国籍を質すと、

「国籍は中国、パスポートは上海に返した」

と答える。そのあとは何を訊いても黙秘である。午後2時45分、女性を出入国管理法違反（旅券不携帯）容疑で現行犯逮捕した。

鶴見署は逮捕直後に入国管理局に女性の登録状況について照会する。

「在留期間の更新がありません」

同日午後6時40分、このことで女性を追及すると、今度は、

「日本国籍があります」

女性は２０００年に日本国籍を取得していた。釈放したのは5時間後の午後7時43分である。

女性が日本国籍の取得を隠したのは、身元を隠すためであったのであろうか。

被害者の虚偽告訴

①強姦事件

36歳の男性Ｐは派遣やアルバイトで食べている。２００９年２月、28歳のＹ女に告訴された。Ｐに強姦されたという。

Ｙ女はＯＬだが、仕事が終わると知人が経営するスナックで手伝うこともある。ＰがＹ女と知り合ったのはそのスナックだった。Ｙ女はひと目で惚れ込んでしまった。

住まいを転々としているＰがＹ女のマンションに転がり込むのは時間の問題だった。２人は同棲を始める。が、平穏な生活は長くつづかなかった。Ｐに別の女が出来たのだ。

マンションに戻らない日があるので、ある日、スナックを早退してＰがアルバイトしているコンビニへ向かう。午後10時過ぎ、Ｐは私服に着替えて出て来た。物陰に隠れて見張っていると、彼は鼻歌まじりでＹ女のマンションとは反対方向に歩きだす。

尾行すること40分。とあるアパートの前でＰの姿は消えた。Ｐが入ったらしい部屋の窓には女好みの赤いカーテンが掛かっている。

女が出来たのだ。きっと復讐してやる！

翌日、スナックでの手伝いを終えて帰宅すると、Ｐがニコニコ顔で迎える。一瞬、ムッとなったが、ここは我慢のしどころだ。いつもよりむしろ親しく夜を過ごした。

そして翌日、Ｙ女は警察署の門を叩いたのである。

刑事がＰから事情を訊くと、２人は同棲していると言う。たとえ夫婦であっても場合によっては強姦罪が成立するのだが、刑事は念のため逮捕状を執行せずPの両親宅を確認した上でいったん釈放した。そして、Y女を呼び出して同棲の件を確認する。

「同棲したことがあるのでは、強姦罪は難しくなるかもしれない」

Y女は反論した。

「夫婦間でも女性が拒否したのに強引に関係すれば強姦罪になるでしょ？」

「ちゃんと立証できますか」

「できますとも！」

刑事はPがアルバイトしているコンビニに行き、逮捕状を執行した。

「やっぱり逮捕されるのですか。あれから僕はY女から脅迫されています。慰謝料を払えって。100万円払えば告訴状を取り下げてもいいと言うのです。いや、本人ではなくスナックのマスターとかなんとか、いろんな男がやって来ます。でも、払えるわけないですからね」

誤認逮捕ではないかと、刑事には疑わしくなってきた。とはいえ、すでに逮捕状を執行済みである。今さら間違いでしたというわけにはいかない。それに、何より被害者が明確に被害を訴えているのだ。それを無下に却下することはできない。しかもこの事件は、2人に性的関係があったという事実は疑いようがない。その事実が強姦罪に問えるかどうかという法解釈の問題になってくる。

刑事は、限りなく和姦に近いと思いながらも、検察官の判断を仰ぐため、一応送検した。ところが、検察官は詳細を調べないまま起訴してしまったという。

②窃盗事件

宮城県仙台市――

時計の針は午後10時を回っていた。その日、会社員G（35）は、A区K町の居酒屋などを久しぶりに友人と飲み歩いた。別れてからもすぐ帰宅する気にならず、夜の町をぶらつく。T町付近に来ると、ホテルのネオンの陰に若い女性が立っていた。夜の女だ。可憐な顔つきである。

結婚して3年になり子供もいて、夜の女とはすっかり御無沙汰している。財布には〝福沢諭吉〟が4、5枚ほどある。軍資金としてはまあまあだ。

女に近づくと、相手はニッコリと笑い、声をかけてきた。赤い髪をワンピースの白が鮮やかに引き立てている。かつて読んだ『赤毛のアン』を連想させる。すっかり有頂天になったGは、夢心地でホテルについて行った。

シャワーを浴びるため服を脱ぎ始めると、ドアが開いて別の女が入ってくる。ホテル従業員かと思っていると、赤毛の女が、

「この人も一緒に楽しみましょう」

Gはすっかり夢が覚めてしまい、

「2人では嫌だ。お前さん1人でいい」

というわけで、2人は口論になり、すっかりその気が失せたGは、脱いでいた服を身に着け、出て行こうとする。

「ホテル代はどうするのよ」

「知ったことか」

興奮したGは、後ろも見ないで出て行った。

翌々日、Gが出勤しようとすると玄関口に男2人が立っている。

「Gだね。窃盗容疑で逮捕する」

警察官だ。Gは両手に手錠をかけられた。

「どういうことなんですか」

「訴えが出ている」

Gが夜の女の財布から10万円を抜き取り、さらに携帯電話まで持ち去ったとされている。取調べでは丁重に、かつ詳細に答えた。すると警察でも虚偽告訴を疑い始めた。

何よりおかしいのは、盗まれたはずの携帯電話の通話記録を調べると、盗難後も女の通話記録が残っている。そんなことはありえないのである。

とはいえ、すでに送検して勾留をつづけている。警察、検察は処置に困ったようだ。目下、Gは否認のまま釈放され、案件は棚上げ状態だという。

Gの弁護人が私に言った。

「最近は罪状を認めると釈放されるが、否認のまま釈放されることはありません。それなのにこの案件では、否認のまま釈放しています。当局は扱いに相当困っているのではないかと思います」

③生活保護費強奪事件

2008年12月25日夕方、福岡県警に110番通報があった。

「3人組の男に包丁を突きつけられ、支給されたばかりの生活保護費7万円を奪われた。容疑者のうち1人はよく知っている」

通報したのは福岡市博多区竹下に住むYである。64歳の無職男性だ。管轄する博多署が即座に署員を派遣してYから事情を聞く。供述に基づいて実況見分するが、とくに矛盾点は見当たらない。同署は、強盗容疑で3人の逮捕状を請求し、同月26日、うち2人を逮捕した。住所不定の無職男性K（55）と同市中央区のとび職男性M（52）である。

2人はしかし、調べに対して「身に覚えがない」と否認する。しかも、逮捕後は告訴したY

と連絡が取れなくなった。不審に思って行方を突き止め再び話を聞いたところ、

「強奪されたというのは嘘でした」

虚偽告訴した理由についてはこう語った。

「生活保護費でアパート代などを支払ったところ数千円しか残らず、このままでは年が越せないと思いました。このため、強盗被害に遭ったことにしたのです」

3人を犯人に仕立てた理由については、

「恨みがあったKを陥れようと思ったのです」

Yはかつて Kと同居していたことがあり、生活態度をめぐっていさかいがあったという。

2人は同日午後に釈放され、翌27日、虚偽の被害申告をしたとしてYは逮捕された。

誤認逮捕の事情について博多署はこう釈明している。

「事件当時の2人のアリバイについては調べたが、判然としないまま逮捕した。2人の男性には謝罪した。捜査の詰めが甘かった。今後は捜査をより厳格にチェックし、再発防止に努める」

年末になると無銭飲食で逮捕される者が増える。刑務所で何不自由なく年を越せるからだ。Yも結果的に似たような状況になった。

④恐喝事件

２００７年3月16日、岡山県警倉敷署にH（20）がやって来た。右翼団体への加入をしつこく勧められて困っている、と再三警察に相談に来ている若者だ。しかし今度は違っていた。

「右翼団体事務所でKさんら４人から現金25万円を恐喝されました」

Kとは20歳の無職男性で右翼団体構成員の１人である。中心になってHを勧誘している人物だ。そのKらが今度は金を脅し取ったという。

被害届を受けた警察は、すぐさま逮捕状を請求してKを恐喝容疑で逮捕した。Kは頑強に否認する。Kらに対して悪い印象を持っている警察は、Kがどれほど否認しても納得しないばかりか、まともに調べようともしなかった。

事件はしかし意外な方向に展開する。告訴した本人が母親に付き添われて警察に出頭したのである。

「25万円恐喝されたというのは嘘でした。恐喝されたと言って母親にお金をせびろうと思ったのです」

無職のHは、口実をつくっては母親に小遣いをせびっていた。そして今回は、右翼に脅迫されているとの口実で25万円をせびり取った。母親は、いったんは金を出したものの、あまりに大金である。不審に思って問い詰め白状させたのだった。

母親の説得がなければ、Kは起訴されて有罪判決を受けていたかもしれない。信念やイデオロギーに凝り固まるのもいいが、周囲を巻き込もうとするとしっぺ返しを食らう羽目になる。

⑤暴行事件

2008年5月30日夕、京都府警に110番通報があった。

「知人の女性が男から暴行を受けているようです」

現場に駆けつけた川端署員に対して、被害を受けたという事務員の女（25）が状況を説明する。名指しされた男性は現行犯逮捕された。

男性はしかし、「やっていない」と一貫して否認する。捜査員が裏付け捜査をすると、暴行を受けたという時間帯には男性にアリバイがあった。釈放されたのは翌31日だ。

なぜ虚偽通報があったのか。女はその事情をこう説明した。

「男性との間にトラブルがあったので、警察に逮捕してもらいたかった。だから知人に110番通報を依頼しました」

同署は誤認逮捕した男性に謝罪し、警察官に嘘の申告をしたとして、女を虚偽告訴の容疑で京都地検に書類送検した。

男性たるもの、女性とのトラブルはくれぐれも注意した方がよい。弱い者こそ強いのである。

その他
放火事件

数年前のこと、東北地方で放火事件が連続して発生していた。不審火がつづくに従って警察への風当たりが強くなる。

そんなある日のこと、地域警察官がパトロールしていると、男が材木置き場に放火しているのを発見した。逮捕すると地元に住む36歳の知能程度の低い男だった。取調室で連続放火について調べると次々と自供する。警察は連続放火魔として男を逮捕した。

その結果であろうか、放火事件はすっかり後を絶ち、地域住民は枕を高くして休めるようになった。

事件を担当した弁護士は、当初、男が犯人であると確信していた。ところが相方のベテラン弁護士が調べ直すように忠告する。調べてみて驚きの連続だったという。

「まず、地域警察官が放火現場に行き合わせた件。警察官は一応消防署に連絡しているのですが、火を消し止め、材木を片づけたあとだったのです。消してから通報しては意味がありません。消防署に連絡したのは、放火があったことを第三者にアピールするためだと思います」

男は反省文を書いているが、よく調べるとエンピツで薄く下書きがしてあり、男は上からなぞっただけである。

しかし、男が逮捕されてからなぜ不審火がなくなったのか。

「真犯人らしい男が自殺しているのです。警察はそのことを知っているはずです。しかし、逮捕する前に死なれてしまって、あの男を犯人に仕立てろ、ということになったのだと思います」

弁護士は警察の作為を疑っているようだった。

①年間で1万8615件の冤罪?

軽犯罪に関しては、デッチ上げともいえる検挙が多発しているようだ。

あるベテラン警察官が言う。

「東京では、1つの警察署で1日1件のペースで軽犯罪が検挙されていますが、このうち半分は冤罪ですよ。違反していないのに検挙している。その多くが凶器所持です。銃刀法にも違反しない小さなナイフ(刃渡り6センチ以下)でも検挙している。所持品検査をして、ナイフの類が出て来ると、所持している理由を訊く。そのとき、護身用だと答えたらアウトです。引っ張られます。今の若者はファッションで持っているから、警察官にとって実績を上げる格好のカモですよ」

検挙実績が低迷していると、地域警察の幹部は、

「秋葉原！」

と、部下を叱咤激励するという。秋葉原の通り魔事件を思い出せ、というわけである。翻訳すれば、若者を職務質問して、ナイフらしき物を持っていたら検挙して実績を上げよ、という意味なのである。

警視庁管内には102の警察署がある。各署が毎日1件の軽犯罪を摘発し半分が『冤罪』だとすれば、全体で毎日51件の冤罪が発生しており、1カ月に約1550件、年間では1万8615件の冤罪が起きている計算になる。

もちろん、これはベテラン警察官の印象によるもので根拠のある数字ではない。実際はどうか。

秋葉原通り魔事件が発生した翌年の2009年は警視庁管内で摘発された軽犯罪は5970件である。2010年には2918件に減少しているので、確かに〝秋葉原効果〟はあったようだ。そして2011年1～3月期の検挙件数は225件。年間にすると単純計算で900件になる。ちなみに愛知県警では2010年が604件、2011年1～3月期は145件とな

っている。

ベテラン警察官の印象とはかなり違っているが、現場から組織中枢に報告が行く過程で何らかの加工がされているのか、その点は知る由もない。ただ、件数の推移を見ると、警察官の姿勢が軽犯罪の検挙件数に大きく影響していることだけは間違いない。

やはり、実績が低迷すると、

「秋葉原!」

なのである。そして限りなく冤罪に近い検挙がなされることになる。

②単なる実績づくり

もっとも、こうした軽犯罪摘発は誤認逮捕や冤罪ではない。厳密にいえば、「極めて根拠薄弱な検挙」ということである。ベテラン警察官はこれを事実上の『冤罪』であると断定している。成績を上げるため意図的に摘発しているというのだ。

軽犯罪とはどんなものをいうのか。法律には33項目が列挙されている。

廃屋にたむろする行為、刃物など人に危害を及ぼす恐れのある器具の隠し持ち、合いカギ、ノミなど建物への侵入に使われる器具の隠し持ち、仕事をする能力があるのに諸方をうろつくこと、公共の場での乱暴な言動……。

公共の場でタンやツバを吐くこと、大小便をすることなども軽犯罪である。

細かく並べればキリがないが、とにかく、犯罪予防と街の快適性維持に関係があると考えられるあらゆる項目が並べられている。摘発するかどうかは現場警察官の考え方次第でどうにでもなる。早い話が、公園のホームレスでもその気になれば摘発できるだろう。

ベテラン警察官が軽犯罪摘発の半分は冤罪としているのは、それが摘発のための摘発になり社会的に意味がないからだ。ホームレスを摘発すると公園は綺麗になるだろうが、治安にとっては限りなく無意味だ。

このように警察官の意向でどうにでもなる軽犯罪の摘発には、2つの目的があるだろう。1つは別件逮捕まがいの摘発で本物の犯罪掘り起こしを目的とする。もう1つはベテラン警察官が指摘するように、単なる実績づくりである。彼は前述のようにこのことに悲憤慷慨《こうがい》しており、ぜひ本書で触れてほしいと言っていた。

その期待に応えて、ここでは、実績づくりの摘発事例を紹介しよう。

③41ミリナイフで検挙

ある若者は、刃渡り41ミリのナイフを持っていて検挙された。都内繁華街に近い路地を歩いていると警察官が近づいてきたという。

「ちょっとこの辺で事件があったものだから……」

などと弁解じみたことを言ったあと、

「刃物とか持ってないですよね」

彼はキーホルダーとして使用していたビクトリノックスの十徳ナイフを取り出した。すると警察官の態度ががらりと変わり、

「交番まで来てください」

若者は急ぎの用事があったが、抵抗すれば面倒なことになりそうだと思い、交番まで同行した。そこでナイフを測ると刃渡り41ミリである。

「これ、軽犯罪法違反だね。本署まで来てくれませんか」

パトカーで本署まで連れて行かれた。

本署では、ナイフを持っていた理由などを調書にされ、反省文を書かされ、顔写真を撮られ、指紋も採取された。

解放されたのは1時間後である。

「99パーセント検察から呼び出されることはないから安心していいよ」

警察官はニコニコ顔で若者を送りだしたという。検察に書類送検するとき、警察は『相当処分』と『寛大処分』に区分けして送る。「99パーセント呼び出しがない」とは、寛大処分とし

て送検するということであろう。ナイフはしかし没収されてしまった。

中には催涙スプレーを持っていて検挙された者もいるようだ。

④大工道具もダメ？

ある年配の男性が都内で職務質問を受け、大工道具のノミをカバンに入れていて軽犯罪法違反とされ任意放棄を求められたことがある。彼はしかし、任意放棄を拒否した。

「法律違反なら裁判にかけてくれ」

と頑張ったのだ。結局、ノミは返送されたという。警察は、追及されると返答に苦しむ『検挙』を重ねて実績づくりに励んでいるのだろうか。

刃渡り41ミリのナイフを摘発することがどれだけ社会の安全に貢献しているのか。軽犯罪摘発の事例を並べてみると、ベテラン警察官が言うように、半分は『冤罪』だということが納得できるのである。

「秋葉原の通り魔事件を思い出せ！」

とのかけ声で41ミリのナイフを摘発するより、街の不法看板を取り締まるとか、迷子を親元に届けるなどの方が社会的にはもっと意味がある。無駄な摘発をして『実績』なるものを積み上げた挙げ句、警察嫌いを増やすよりよほど治安にとって効果的であろう。

人間がやることに〝完全〟はない。どんなに注意しても誤認逮捕は起こりうる。被害者には申し訳ないが、そのことを私は非難するつもりはない。

肝心なことは、安全安心な社会をつくる上での警察の〝姿勢〟である。その姿勢に歪みがなければ、たとえ誤認逮捕の被害者でも警察を非難する気にはならないであろう。

実績づくりのための摘発は百害あって一利なしだ。

第7章 あなたも虚偽自白する

戸を開けると警察官が

1991年12月1日、日曜日、午前7時。

菅家利和さんが戸を叩く音に目を覚まして玄関を開けると、3人の私服警察官が飛び込んできた——

足利事件で誤認逮捕され無期懲役の確定判決を受けた菅家さんが逮捕された、否、厳密には任意同行の、それは瞬間だった。以下は報道をもとにした当時の再現である。

捜査陣は、できれば自供を取ってから逮捕する、と決めていた。それだけ、決め手を欠いていたのだ。

何事かと驚く菅家さん。その顔を睨みつけて警部が叫んだ。

「菅家！　きさま、なんてことをした！」

「あ、はい？」

「お前が子供を殺したな」

「ええ？」

「とぼけるな！　お前だろう。お前がやったんだ！」

警部に加えて警部補、そして現場指揮を執るベテラン警視まで加わって、口々に菅家さんを責め立てる。ポカンと口を開けた菅家さんは、事件について知ってはいたが、自分とどう関係があるのか理解できないようだ。ただ、分からないままに、

「知りません」

「やっていません」

と繰り返すばかりだ。

そのうち、警視が上着のポケットから1枚の写真を取り出して菅家さんの目の前に突き出した。前年5月12日に殺害された保育園児松田真美ちゃん（4）の写真だ。

「謝れ、この写真に。お前が殺した園児だ！」

警部が怒鳴る。菅家さんはただ両手を合せる。

「なんだ、その態度は！」

また、怒鳴られる。

「しらばっくれても、DNAってもんがあんだよ。お前がやったという証拠がある」

DNAと言われても菅家さんにはピンとこない。

「もういい。本署に連れて行け」

警視は連行前の自供取りは諦めたようだ。否認のまま菅家さんを任意同行することに決めた。

「ちょっ、ちょっと待ってください。知り合いの結婚式があるのでそれには行きたいのですが……」

「結婚式なんかに行っている場合じゃない。人を殺しておいて何を呑気なこと言っておる。人のことより自分のことを考えろ。署でゆっくり聞こう」

菅家さんは足利署捜査本部に任意同行された。警察官3人が踏み込んでからすでに1時間が経過していた。

「殺したのはお前だ」

午前9時から署2階の取調室で警部らの厳しい追及が始まる。

「子供を殺したのはお前だな」

「違います」

「やったのは、お前だ！」

「やっていません」

「とぼけるな」

「ち、違います」

「お前がやった！　その証拠を見せてやる」

菅家さんは嘘発見器にかけられる。結果はしかし、判定不能である。すでに3時間が経過、昼食の時間になった。しばしの〝平穏〟が戻って来る。

昼食後は再び戦争だ。

「お前がやった」

「お前がやった」

「お前がやった」

…………。

まるで呪文に〝連打〟されるように責め立てられる。が、昼食時のしばしの平穏で菅家さんは気力を回復していた。1時間や2時間ぐらいは耐えられる。

午後3時を回った頃だ。人のよさそうな警部が入って来た。

「そんなに頑張らなくてもいいよ。早く喋って楽になりなさい。お前のことが憎くて責めているのではない。お前を思ってこそだ。そうやって頑張っていると辛いだろ？　苦しいだろ？　お前さんの、その咽喉《のど》の奥に詰まっているもの、私がやりました、という告白、それを皆が待っている。誰のためでもない、お前さんのためだよ」

「…………」

俺のためか……。やったと言うのが自分のためか……？

菅家さんは考え込んでしまった。心の奥からは「言うな！」という声が響いてくる。しかし、言った方が自分のためになるのか……。

「自分がやりました」

「そうやって頑張っていると、いつまで経ってもここを出られない。半年でも1年でもこのまだ。そうなるとお前……。あまり神経は太くなさそうだから、狂ってしまうぞ。そうなったら両親は嘆くだろうな。お前、両親は好きだろ。親孝行だもんな。両親に心配かけないためにも、やったと言ってここを出なさい。みんなお前のことを心配しているのだよ」

「…………」

菅家さんは考え込んでしまった。

午後10時。

警察官3人に踏み込まれてから、すでに15時間が経過している。菅家さんの意識は朦朧としてきた。

もう、どうでもいい。早くここから出たい……。

「自分が、ウウウッッッ、やり……ました……ウウウッッ」

咽喉の奥から、それだけの言の葉を押しだすと、菅家さんは机にうつ伏せになり、声を出して泣き崩れたのだった。

本人の、

「やりました」

という自供ほど強力な証拠はない。とくに日本ではそうだ。冤罪事件の多くは、誤認逮捕された被疑者が精神的、肉体的拷問にさらされて虚偽自白していた。日本では、捜査段階で自供していれば裁判官はほとんどのケースで有罪を認める。有罪率99・9パーセントという数字がそれを示しているのだ。

もちろん、無闇に起訴しないということの表れでもある。が、起訴されたケースについては、たとえ公判段階で被告人が否認しても裁判官にはなかなか信用してもらえない。

取調べ段階の供述こそ、容疑者の〝運命〟を左右すると言っても過言ではない。だからこそ菅家さんは、人格否定ともいうべき扱いを受けた。

服役後に真犯人が

殺人よりもっと軽い犯罪でも基本は同じだ。

婦女暴行事件で自白し、実刑判決を受けて服役、仮出所後に真犯人が出てきて無実が判明したという〝事件〟があった。

2002年3月のことである。

富山県西部で婦女暴行未遂事件が発生した。留守番をしていた16歳少女の家に男が土足で押し入り、ナイフを突きつけて暴行しようとした。

その容疑で逮捕されたのが同県氷見《ひみ》市のタクシー運転手Kさん（34）だった。事件が起きた翌月の4月15日にこの容疑で逮捕され、さらに5月には県西部で起きた別の少女暴行事件（既遂）でも再逮捕された。

逮捕の事情はどうだったか。

警察は、似顔絵捜査や被害者証言によってKさんに嫌疑をかける。もちろん、それだけでは逮捕できない。まず任意の事情聴取である。Kさんは2日間にわたって計約17時間、任意で事情聴取を受けた。そして3日目になって自供したという。

なぜKさんは、やってもいないのに自供したのか。取調べの状況は知る由もないが、私の長年の取材経験と関係情報から再現してみると、次のように想像される。

Kさんは4畳半ほどの取調室に案内される。まず型どおりに住所、氏名、年齢、本籍、家族構成、職業などを確認され、指紋や顔写真などをとられる。

最初はもちろん、否認する。

「私ではありません」

取調官にとって、否認されるのは当たり前のことだ。日常的に経験している。そこからが〝始まり〟なのである。

「お前しかいない」と迫られて

「犯人はお前しかいないんだよ」

否認するKさんを諭すように年配の警部補が静かに言う。

「何かの間違いです。似た顔はほかにもいますから」

「そうは言っても、被害者がそう言っておる」

年配がそう言うと、傍にいる若い男が怒鳴りつける。

「お前、警察を舐める気か。この警察組織と戦う勇気があると言うのだな。それならそうと覚悟しておけ！」

「お前のお陰で何人の女性が泣いていると思っているんだ。人非人だよ、貴様は。お前の母ちゃんだって可哀そうだ」

代わって年配が静かに言う。

「あんたも大変だね。こんな事件に巻き込まれてね。昨日、あんたの家に行って奥さんと話したよ。奥さん、何と言ったと思う？　涙を浮かべながら、申し訳ありません、と言うんだよ。

うちの人が犯人であることに間違いありません、ってね」

「ま、ま、まさか……」

「そのまさか、なんだよ。私も意外だったけど、もう覚悟しておられた。旦那が女性の敵だったということがよほどショックだったようだ。奥さん、近所の人にも冷たくされていたよ。犯人なら犯人らしく率直に白状して謝るべきだ、知らん顔している奥さんも同罪だってね」

Kさんにとって、妻も自分が犯人であると思っているらしいことが大きなショックだったに違いない。このため虚偽自白したのだった。

ここでのやりとりはもちろん私の想像だが、取調官が、夫人はKさんの犯行を疑っていると本人に言ったのは事実とされている。被疑者が家族の支えを失ったときの心理については後に触れる。

公判でも容疑を認めて

ところがKさんは、公判でも一貫して容疑を認めている。国選弁護人を務めたY弁護士も無実が判明したことを受けて、

「公判では一貫して犯行を認めていたので、無実の判明に驚いている」

と語っている。

取調べ段階で虚偽自白しても、公判では否認に転じるのが普通である。なぜKさんは一貫して犯行を認め、服役したのか。その点になると本人にしか分からない。

虚偽自白は一種の〝敗北〟だ。その敗北を認めたくなかったのか、それとも、武士に二言はない、という一種の誇りなのか、それとも、妻に裏切られたと信じ込んだKさんは、絶望の黒い淵に沈んでしまったのだろうか……。

Kさんの無実が判明してから警察は、謝罪のため親族宅にKさん一家の所在を確かめた。しかし所在不明になっていたという。

２００９年5月14日、Kさんは国家賠償を求めて提訴している。

取調べは被疑者と取調官の攻防である。無実を確信する限り、どんなことがあっても、虚偽自白だけは避けなければならない。実際の戦争では、

「負けて勝つ」

という道もあるだろう。

取調室の攻防ではしかし絶対にそうした道はない。負けてはいけないのだ。裁判で挽回しようなどと思ってはいけない。まして裁判でも虚偽自白を維持するなどあってはならない。たとえ国家賠償を求めて勝訴しても、失ったものは戻って来ないのである。

日本人の〝正直〟という価値観

捜査陣にとって、否認事件ほど怖いものはない。どんなに物証が完璧に揃っていても、否認事件には常に不安がつきまとう。裁判官も、否認している被告人に有罪判決を下すにはかなりの勇気が要る。

なぜなら、日本人にとって最高の徳は〝正直〟だからである。どんな凶悪犯でも、本当は善人である、心からの悪党はこの世には存在しない、というのが、大袈裟に言えば日本人の人間観、世界観なのである。

日本語にはだから、〝世間〟という、外国語には翻訳不能な言葉がある。人と人とが手をつなぎ輪になっている。そこには〝私〟という〝個〟は存在しない。全体が〝私〟であり〝個〟である。

個は全体に融合している。その媒介者が〝正直〟なのである。日本人である限り、この価値観は普遍的に共有されているとの確信がある。捜査陣や裁判官は、だから自供があれば安心し、否認されれば極めて不安になる。

日本の警察、否、司法が自白を重視する理由はここにある。捜査官が自白を引きだすテクニックに秀でているのは当然のことだ。

では、捜査陣はどういう姿勢で取調べに臨むのか。法務総合研究所長（検事）本田正義氏の論文「取調の技術」(『捜査法大系1』所収)にはこう書いてある。

被疑者の取調べには2種類ある。有罪の証拠が揃っているケース①と、有罪かどうか疑わしいケース②である。そしてケース①では、「取調官は確信的な態度で臨むことが必要である」と説く。

なぜなら、取調官が絶対的な確信を持っていないと、被疑者の弁解に納得するかのような反応が出てしまう。これでは被疑者は心中ニンマリとして、否認をつづけようという気になる。

犯人に違いないという絶対的な確信を持っていると、そんなことはない。被疑者がどんなに巧妙な弁解をしても、敢然と撥ねのけて全く反応しない。被疑者はこのため、何を言っても無駄だ、という気持ちになり否認する気持ちが減退する。

誤認逮捕の場合は、意外と思われるかもしれないが、大半がケース①である。

誤認の原因はすでに列記しているが、いずれの場合でも、たとえ間違いであっても、有罪の証拠がある程度は揃っている。取調官はだからその証拠に基づいて、たとえ誤りであっても、有罪の心証を持っている。

取調官の絶対的確信

したがって、絶対的確信の態度で取調べに臨むことになる。

たとえば、窃盗犯と間違えられ、巨体の警察官に押えつけられて命を落とした68歳の男性は、女性の「ドロボウ！」という叫び声が〝証拠〟となって「窃盗犯に違いない」との確信を持たれ、遂には命まで奪われてしまったのだ。

レジスターを工場で組み立てるとき部品に付着した指紋を証拠に逮捕された日系ペルー人が窃盗犯として逮捕されたのも、指紋という争えない物証が警察に『有罪の心証』を与えたからだ。

目撃証言などの『人証』であれ、指紋などの『物証』であれ、それらは、たとえ間違いであっても、あなたが犯人であると主張している。捜査陣は、その証拠に基づいてあなたが犯人と確信しているのである。

『証拠の真偽』と『証拠の有無』とは、全く別次元の話であることを明確に認識しておきたい。

誤認逮捕されて、

「何かの間違いだろう、話せば分かってくれる」

という甘い認識ではきっと裏切られてしまう。

取調べの極意

では、誤認逮捕された人々はどのように自供を迫られるのか。ある元刑事が当時の体験をもとに取調べの状況について話してくれた。

Zさんは、愛車でドライブしていた。交差点にさしかかると信号が赤になった。しばしの休憩だと思い、タバコをくわえライターで火をつけようとする。

トントン。

男がガラス窓を叩いた。ウィンドウを下げる。突然、男の右手がスーッと伸びてきて、キーを引き抜いた。

「何をするんだ!」

「○○の家に無断で侵入したろう」

「知りませんよ、そんな家なんて」

「お前しかいない。被害者はお前だと言っておる」

「何かの間違いです」

「言いたいことがあれば本署で聞く」

Zさんは警察署まで任意同行を求められた。取調室では2人の取調官と相対する。

「もうネタは挙がっている。正直に言った方が身のためだ」

「やっていません。その頃には自宅でテレビを観ていました」

「そんな嘘を言っても始まらない」

「本当です。内容は……」

「弁解はよせ。もっと素直になれ。やったと言ったらどうだ」

「やっていません」

「早く吐け！」

怒鳴る若手、諭す年配

若手が詰《なじ》ると、年配が静かに言った。

「言えば楽になるよ。もう逃れられないんだから。住居侵入だけじゃないか。何かを盗んだわけでもない。刑は軽いよ。そうやって片意地を張っているとひどい目に遭うよ。あんたは真面目そうだから、そうはさせたくないんだ」

「…………」

「やったんだね？」

Zさんは危うく「はい」と言いそうになったという。が、否認をつづけ逮捕は免れたものの疑いは晴れない。何しろ被害者がZさんを名指ししているのだ。

無実が判明したのは、その後に真犯人が逮捕されてからだった。

取調べには通常、最低2人の取調官が当たる。1人では不正がなされる可能性があるため、交互に取調官役と立会人役を務める形だ。しかし実際は、〝脅し役〟と〝宥め役〟を分担している。通常は、若手が脅し役、年配が宥め役であり、説得役である。

農作業に喩《たと》えれば、脅し役は地面の掘り起こし作業を担当する。固い地面を掘り起こして〝混沌〟状態にする。その結果、被疑者は心理的不安にさいなまれる。

宥め役は、荒れた地面をならして畝をつくる作業を受け持つ。なだらかになった柔らかい地面は、種や苗などをすんなりと受け入れ育むだろう。同じように被疑者も、宥め役の説得に耳を傾けることになる。

もちろん無実の者は、そうは簡単にいかないはずである。それでも嘘の自白をする心理はどういうものか。それはあとで触れよう。

絶妙な心理作戦

自白へと至る過程は、その逆のこともある。以下、報道をもとに状況を再現してみる。

16歳の少年が女児連れ去りの容疑で誤認逮捕された。女児の友人の携帯電話に少年の写真が写っていたという、ただそれだけを『証拠』に逮捕されたのだ。

まず任意同行されて警察署で取調べを受ける。

最初は年配の優しげな人が少年に話しかけた。

「キミ、正直に話した方がいいよ。早く話して、悪うございましたと謝ればすむことだ。なに、キミぐらいの若者はついその気になって羽目を外すものだ」

「でも、僕じゃないんです」

「もう少し素直になりなさいよ」

「僕ではありません」

「僕ではないっていっても、証拠があるんだよ」

「…………」


「**犯行を認めろ！**」

黙っていると、若手が大声で怒鳴りつける。

「犯行を認めろ！　認めないと親も仕事をクビになるぞ。そうなるとどうなるか。お前のせいで一家は路頭に迷うことになる。この親不孝者が！」

少年がうなだれると、年配が励ますように言った。

「そんな親不孝ではないよね。ね、そうだろ？　早く認めるんだ。認めさえすればすぐ家に帰れる。親にも迷惑はかからない」

「…………」

黙っていると、若手がまた怒鳴った。

「キミの親は嘘をつけと教えたのか、えっ？　どうなんだ。お前はロリコンなんだよ、ロリコン。女の児《こ》を見たらウズウズするんだろう」

少年はしばらく黙り込み、そして口を開いた。

「僕がやりました」

調べが始まってわずか3時間しか経っていなかった。

少年はのちに語っている。

「僕はやっていないんです。ただ、警察の人が物凄く大きな声で怒鳴りつけるので、怖くなって、やったと言いました」

成人には説得が、少年には脅しが効果的なのであろうか。

取調べはちょろいと思っていると……

そうでもないようだ。窃盗と有印私文書偽造、詐欺などの容疑で誤認逮捕された51歳の男性の場合はどうだったか。

「犯人はアンタしかいないんだ。正直に話してくれ。妻子もあるでしょう。家庭は大事なんでしょう」

「しかし、私ではありません」

男性が、自分は犯人ではない理由を話し始めた。年配の取調官は納得したような顔つきで聞いている。

なんだ、分かってくれているではないか。取調べとは厳しいと思っていたが、案外、ちょろいんだな。男性はそう思いつつ、一連の弁明を終えた。ほっと一息。

その瞬間だった。

「でたらめ言うな！　防犯カメラにお前の姿が映っているんだぞ！」

見習いのように年配に付き添い、それまで黙っていた25歳ほどの警察官が、突然、大声で怒鳴った。

「でも……」

「デモもクソもあるか。証拠は挙がっている。お前が否認しようがどうしようが関係ない。そうやって頑張れば頑張るだけ刑罰は重くなる。早く吐いたらどうだ！」

しばらく沈黙すると、男性はポロリと涙を流して、

「私がやりました」

取調べが始まって4時間後だった。

男性はのちに語っている。

「暴力とか、長時間に及ぶ取調べはなかったけど、頭の中が真っ白になって自供しました」

51歳なら人生経験が豊富で気力、体力とも充実している。それでも「頭の中が真っ白になって」虚偽自白したというのである。

取調べは大津波？

初めは静かに、緩やかに責められ、あとでドーンと強力な一撃を喰らって陥落したのだ。

これはちょうど、大津波のようなものである。最初は、遠い沖合で白波が立っているだけ、なんだ大したことはないと思っていると、突然、巨大な怪物となって襲いかかる。

こうした〝心理作戦〟の犠牲になり易いのは、知的障害者である。

強盗容疑で誤認逮捕された53歳の無職男性は、弁護人さえ有罪だと信じていた。男性は読み書きが不得手で、ようやく名前が書ける程度である。

逮捕当初は否認していたようだ。しかし、

「やったべえ」

「やったべえ」

…………。

と何度も言われるうちに、自分がやったような気になってきたという。

あなたは、こんな取調べは許されるべきではないと言うかもしれない。警察官とは、そんなに人非人なのか、と。

取り調べる相手が真犯人であって、かつ、狡猾に否認をつづける悪党の場合でも、あなたはそう思うだろうか。弁解など聞かないで早くゲロさせろ、と言わないだろうか。

捜査側にとって、『誤認逮捕』とは結果論であって、捜査の過程では推定有罪の被疑者、つまり『真犯人』なのである。素直に自白しない者は、したがって、しぶとい〝悪党〟でしかない。

この点を頭に入れておいていただきたい。

攻撃と防御

私事で恐縮だが、高校3年生のとき、私はある役所の採用試験を受けたことがある。筆記試験を無事突破し、次は面接である。10人ほどの試験官を前にして、1人ポツンと椅子に坐らされる。机もないので丸裸になったさらし者の状態だ。

もっとも苦痛だったのは、一方的に質問を浴びせられ、こちらは一方的に答えることだった。これほど苦痛で屈辱的なことはなかった。しかも、質問たるや、責めるような質問ばかりである。そこで私は開き直った。答えながら逆に質問したのである。

偉そうな試験官が書類をめくり、質問に対する回答をくれた。その瞬間、胸がスーッとしたものだ。その後は次第に和みの場となり、居心地のよい場所になっていった。私はいつの間にか面接を楽しみ、異例に長い面接になってしまった。

取調室――

そこは面接試験会場のようなものである。といっても、部屋は3畳かせいぜい4畳半。真ん中に机がポツンと鎮座し、机を挟んで両側に椅子がある。窓はないことが多い。あなたは部屋の奥に坐らされ、取調官は入口側に陣取る。

この状況を想像する限り、10人の面接官を前にした面接試験より気楽に見える。目の前には机もあるのだ。

しかし――

冤罪問題の研究家である浜田寿美男氏は、大著『自白の研究』に、取調べの場は〝圧力の場〟であると次のように書いている。

「人と人がふだん日常生活で話し合うときには、互いに時に問い手になり時に答え手になって、役割を交替する。そこには対等の相互なやりとりがある。しかし取調べの場では、問い手は取調官であり、答え手は被疑者であって、この役割が交替することはない。力の磁場が固定していて、つねに取調官の側から被疑者の側へと圧力が加わる」

取調べの場では、被疑者が一方的に訊問される、つまり一方的に攻撃されるということだ。被疑者が問いかけることはない。

面接試験では、最初は一方的な攻撃を受けていたのに、ある機会を捉えて私が反撃に転じた。そのことで〝圧力〟を軽減できて私は和らいだ場を堪能できたわけである。

〝圧力の場〟における孤絶

自白は真犯人を含め本人にとっては不利である。なのになぜ自白するのか。

1つには、この〝場の圧力〟に敗北するからだ。もちろん、しかしそれだけではない。逮捕・勾留されるということは、生活の流れの遮断を意味する。朝起きて顔を洗い朝食を摂って職場や学校に行き、帰りは友人と一杯やるとか映画を観るなどといった生活の流れが、突然、遮断され、かつ居場所さえも奪われる。

さらに、いつまでその状況がつづくのか、見通しも全く持つことができない。すべての決定権は目前の取調官にあるのだ。

このように日常生活から遮断されるとどう反応するか。

人間は周囲からの変化に富んだ刺激や情報を受け取ることで自らの精神を安定させている。日常生活の遮断とは、すなわち、それらの刺激や情報からの遮断である。もちろん、取調室や留置場にあっても刺激や情報は受ける。これらはしかし、日常生活のように多様で変化に富んだ心地よいものではなく、自分に向けられた攻撃の刃のみである。

くる日もくる日も、同じことを問い詰められる。その苦痛たるや、並大抵のものでないことは心理学実験で確認されている。真犯人はともかくとしても、理不尽にもそうした状況に追い込まれた誤認被逮捕者にとっては、耐えがたい苦痛であろう。

こうして、次第に現実感を失い、

「自分がやったのかもしれない」

と思い込んだりする。

見通しの利かない日常生活からの遮断。これが自白を促す第2の動因なのである。

日常生活からの遮断とは、さらに、身近な人々とのつながりを切断されることでもある。

人は身近な人たちに囲まれて生活している。それによって心の平安が保たれているのだ。近年、孤立する高齢者が社会問題になっているのは、そうした支えを失った人が増えているからだ。逮捕・勾留され日常生活を遮断されるということは、こうした身近な人との交流が切断され孤立状態になることをも意味する。

真犯人なら仕方がないと諦めもつこうが、誤認逮捕された者にとって、これは実に過酷な環境であろう。

しかも、16歳少女暴行未遂の容疑で誤認逮捕された前出Kさんのように、自分の妻までが無実を信じていないと聞かされては、絶望の淵に追いやられるほかない。

この孤絶状態が、人に自白を促す第3の動因だ。

人として扱う

警察官にとって中国人容疑者は鬼門のようである。日本人的な〝正直〟さとはまた違った価値観を持つ彼らは、平気で嘘をつき、平然と犯行を否認する。中には名前も住所も言わない者がいるとか。

「最近は中国人ばかり多くて困っているよ」

ある警部補は渋い顔をしていたものだ。

ところが最近は、自信たっぷりになってきた。

「中国人も日本人も同じだ」

中国人も犯行を自供するようになったという。

「何があったの？」

「何もない。ただ、同じ人間として接していれば口を開いてくれる」

この警部補は、普段、少しも警察官らしくない。警察官の中には、相手の裏を見透かすような疑り深い面を感じさせる者がいるのだが、彼は相手を信用し切っているように見える。本心は分からないが、少なくとも外面はそうだ。

そのせいか、彼に調べられた容疑者は、多くが自白しているようだ。

本を執筆する目的で、殺人容疑の女を取調べるという実験がアメリカでなされたことがある。取調室でまずベテラン警部が執筆予定者に事件の詳細を説明し、女を呼び入れた。

「おい、年増の淫売、そこに入れ。この方が話したいそうだ」

女はムッとして警部を睨みつけながら入ってきた。明らかに反感を抱いている。

警部が去ったあと、執筆予定者は女を「○○さん」と名前で呼び、「淫売」としてではなく、レディーとして扱った。そうしたところ、警察官に対しては否認していた殺人を認めただけでなく、数年前に謎の死を遂げた夫の殺害まで自白したという（フレッド・E・インボー他著『自白』小中信幸他訳）。

自分を1人の人間として扱う執筆予定者に、彼女は心を開いたのだ。

取調べの基本は、やはり何といっても、被疑者との和やかな人間関係をつくることである。

科学警察研究所が出している論文は、取調官に対してこう助言している。

「被疑者を価値ある人と認め、よき理解者としての態度を保つ等、取調官の被疑者に対する人間的かかわりを基本として、その上で被疑者の言い分を十分に聴きながら取調べを進めることにより、被疑者の内面にある種の倫理的な準備状態が形成される」（渡辺昭一、鈴木昭広「黙秘又は否認した被疑者の自供に至る心理過程」）

前出の警部補はその人間性から、自然にそうした姿勢で被疑者に臨んでいるのであろう。もちろんこれは、真犯人の場合である。

無実だからこそ

誤認逮捕された者はどうか。

土田・日石・ピース缶爆弾事件で無実の罪に問われた榎下一雄《えのしたかずお》さんは、手記に書いている。

「『（キミも）運が悪いんだよ。大丈夫だよ、大した罪じゃないんだから。保釈だって利くよ。安心してみな話しちゃった方がかえっていいよ』と言う。こうした事からだんだん警察に対する警戒心が薄れて行く。……」（榎下一雄『僕は犯人じゃない』）

この奇妙な信頼関係が落し穴である。浜田寿美男氏は書いている。

「（こういう関係になると）取調官から距離をとることは至難である。むしろ逆に取調官と良い人間関係を作って何とか理解してもらおうとする。そしてそのことが虚偽自白の第一歩となる」（『自白の研究』）

この取調官なら信用できそうだ、と思うことが虚偽自白への第一歩だというわけである。信頼関係が生まれれば、自白すれば帰宅できるとか、刑罰が軽くなる、などの甘い〝囁き〟もすんなりと受け取ってしまう。

無実なのにどうして?

という疑問が当然湧くであろう。実は、無実だからこそ、そうなのである。

無実者が自白する理由

誤認逮捕された者は、逮捕・勾留されていること自体がピンと来ない。非現実的なこととしか受け止めることができない。むしろ、何かの間違いで調べられているのだろうと第三者的に考える。

ましてやその先の刑罰に至っては想像もできない。「ただ単に論理的・観念的なレベルのことであって、実感的に身に迫ってこない」(前掲書)。単に予想されるものであって、まだ現実ではない。やっていないのだから、裁判官が公正な判断をしてくれるだろうとの期待もある。

しかし、自白へと駆り立てる取調官からの圧力は〝現実〟であり、誤認という理不尽さゆえになおさら苦しい。

このため、とりあえず虚偽自白してこの苦痛から逃れようとするわけである。

やってもいないのに、なぜ逮捕4時間後に自白するのか。足利事件の菅家利和さんはなぜ逮捕当日に自白したのか。

本当はやっているからだろう。

誤認逮捕された経験のない者は、多くがそうした疑問を抱く。自分なら絶対に嘘の自白などしないと考えがちだ。が、実態はそうではないのである。

もちろん取調官も、虚偽自白を意図的に引き出そうとしているのではない。有罪の心証があれば確信をもって取調べよ、という教えに忠実なだけである。

その忠実さ〝加減〟が、あまりに硬直的であれば虚偽自白を引き出す可能性が高くなる。中には、被疑者の犯行ではないのではないかと疑問を持つ取調官もいるだろう。しかし、個人的にそう感じても、組織という壁が立ちはだかる。

「捜査側が誤認逮捕を認めるのは真犯人が出て来た場合だけです」

こう語る小関眞弁護士の言葉が、ここで重くのしかかってくる。

第8章 誤認逮捕の〝悲劇〟をなくすには

せっかく大ドロボウを逮捕したのに……

「いやー、参ったよ」

窃盗犯刑事がすっかりしょげている。

「どうしたの？」

「せっかくM町の警察官が職務質問で大ドロボウを逮捕したのに、ゲロさせられなくて48時間で釈放だ。M町には申し訳ないことをした」

この大ドロボウ氏は半端ではなかった。広島から仙台まで高速バスを乗り継ぎ乗り継ぎしながら、ドロボウ行脚を重ねていた。手口は『ノビ』、空き巣狙いだ。

関東でも、東京を中心に半径4、5キロの範囲で10軒から20軒を集中的に〝攻撃〟していた。

その大ドロボウをM町の地域警察官が職務質問で逮捕したのである。詳細は不明だが、挙動不審な点があったのであろう。

窃盗犯を立件するにはしかし、前述のように、どこで、誰の、何を盗ったかを立証しなければならない。このため私の知人が取調べを担当した。

が、さすがに大物氏である。押しても引いても口を開かない。知人は音を上げてしまい、とうとう釈放する羽目になってしまったのだ。

逮捕とは、捜査機関が行う短期間の強制的身体拘束である。

刑事訴訟法第199条第1項には次のように規定されている。

「……被疑者が罪を犯したことを疑うに足りる相当な理由があるときは、裁判官のあらかじめ発する逮捕状により、これを逮捕することができる」

もちろん、予め逮捕状を準備できるとは限らない。早く逮捕しなければならない緊急事態にあっては、逮捕状なしでも逮捕できる。これは『緊急逮捕』だ。また、現に罪を犯し、または罪を行い終わった者は『現行犯人』と呼ばれ、この場合は、民間人も含め誰でも逮捕状なしで逮捕できる。『現行犯逮捕』である。

先の大ドロボウ逮捕のケースは、恐らく緊急逮捕であったろう。結果的にはしかし、誤認逮捕になってしまった。

誤認逮捕は法が許容するのだが

こういうケースでは、誤認逮捕を回避する方法がある。逮捕ではなく任意同行を求めるのである。法律上、任意同行では本人の自由意思を尊重しなければいけないが、現場では事実上の逮捕のことが少なくない。

とくに知能犯刑事は、目をつけた容疑者を連日任意同行することがある。早朝から捜査本部に任意同行して取調べ、夜には帰宅させる。翌日は早朝から自宅まで迎えに行き、玄関から任意同行して終日取調べる。その繰り返しだ。もちろん、雲隠れされないよう監視しているので、被疑者にとって自宅は留置場のようなものだ。事実上、これは逮捕である。こうして証拠に加え自供を取ってから初めて逮捕する。

こうした方法はほかの捜査でも多かれ少なかれ使われていると思われる。警察官に誤認逮捕について訊くと、必ずこんな答えが返ってくるのである。

「誤認逮捕はめったにない。任意同行ならしょっちゅうあるけどね」

逮捕の場合は、警察独自による拘束は48時間しか認められていないのに対して、任意同行は、事実上無期限の拘束が可能だ。しかも、誤認逮捕という〝恐るべき失態〟を回避できる。

表面化する誤認逮捕が少ない理由はこの辺にもありそうだ。法の趣旨と実態がずれているのだ。なぜ、そうなのか。

警察は間違わないという無謬神話を守るためだ。

ところが誤認逮捕は、実は、法的責任は誰にもない。

捜査機関は、

「被疑者が罪を犯したことを疑うに足りる相当な理由がある」

と思って逮捕したのであって、その判断はあくまで〝主観〟に過ぎない。勘違いであれ、見間違いであれ、悪意をもって曲解しない限り法的責任を問われることはないのである。もし責任を問うとなればそれこそ問題である。間違う動物である人間に対して、「間違いは犯罪である」などと決めつけるなら、真面目に捜査する者はいなくなる。

誤認逮捕は法律が許容しているのだ。

それなのに現場が誤認逮捕を怖れるのは、逮捕の要件が細かく規定されているので、もし誤認なら警察の体面に関わるからである。この体面を維持するため、現場では、任意同行が法の趣旨とかけ離れた形で〝活用〟されているのではないか、と私は思う。

知り合いを助けた警察官

「オレ、知り合いが捕まったのを助けたことがあるよ」

私が誤認逮捕について調べていることを聞いて、ある刑事が秘話を打ち明けてくれた。

「へえ、捕まえるのが本職のお前さんが、またどうしたの？」

「泣きつかれちゃってねえ」

「ホシを助けるとは穏やかではないよ」

「いや、こういうことなんだ」

彼は事情を説明した。それによると、彼の知人は警察から誘拐犯として逮捕されていた。ところが本人は否認する。取調官は否認には取り合わない。そこで彼は訴えた。

「それじゃ、本当のことを言いますからTさんに代わってください」

Tとは、件の刑事のことである。署内では人望がある。取調官は、彼になら犯行の事情を話すだろうと思って交代したようだ。取調室にTが入ると、知人は目を輝かせて訴えた。

「Tさん、オレ、誘拐なんかしていないんだよ」

「何を言うか、子供がそう言っているじゃないか」

「違う、人違いだ。いつも昼間から飲んでいるヤツで、Wというのがいる。そいつが犯人だよ」

「ああ、よく酔っ払って交番に遊びに来る、あの男か」

「そうそう。なんとかしてくださいよ」

そこでTは、捜査資料として集めてある写真をめくって被害者の子供に見せた。

「この人です」

子供は躊躇なくWを指さしたのだった。

〝黒くする捜査〟〝白くする捜査〟

捜査には〝黒くする捜査〟と〝白くする捜査〟がある。

鍬本實敏元警視庁刑事は殺人捜査を長年手がけてきたが、捜査の難しさ、危なっかしさを私にこう語っている。以下は私とのやりとりである。

「殺しの容疑者（真犯人ではない）でさえ、お前がやった、お前がやった、お前がやったと追及しているうちに、30分、1時間もすると、オレがやったのかなあ、やっぱりオレがやったのかなあ、と思うようになるものです」

「それで、嘘の自供をするのですか」

「ところが、どうやったのだ、と聞くと、いや、やってはいないんですよね、となる。そんなのが必ずいる」

「それじゃ、手口を説明して誘導すれば虚偽自白がとれますね」

「その辺が怖いのです」

「それを防ぐにはどうすればいいのですか」

「白くする捜査が必要です。捜査員は自分で調べて犯人だと目星をつけて逮捕する。そうして調べるときは、どうしても黒くする方向へ誘導するものです。犯人だと思っているから当然です。黒くしよう、黒くしようとするから、本当に黒くなってしまう」

「それは人情ですね。自分が犯人と思って逮捕したのだから……」

「そこが怖い。被疑者の人生がかかっているのですから、99パーセント黒であっても、1パーセントの白があったら、それを無視してはいけない」

「その白い部分が何を意味するのか、ひょっとしたら犯人ではないのではないか、そう思って調べるということですね」

「そうです。白くするのが捜査なのです」

そして、白と分かったら即座に釈放する……。先の刑事は、容疑者が知人ということもあって、はからずも〝白くする捜査〟をしたわけである。

ところで白くする捜査は、自ら誤認逮捕を証明するようなものではないのか。鍬本氏は故人なので確認できないが、氏の考え方はこのようだ。

事件が発生する。捜査線上に容疑者が浮かび上る。逮捕して調べる。そして取調べのときは、この容疑者は白ではないか、という観点から取調べる。その結果、どこから見ても黒と判断できて初めて送検、起訴へ持っていく……。

捜査員にとって、自分の成果、つまり容疑者逮捕という成果を否定する方向から取調べをすることは、至難の業であろう。しかし、敢えてそうすべきだ、と殺人捜査の第一人者が主張するのである。

私も、部外者ながらそうすべきだと思う。そのためにこそ、法律は誤認逮捕を許容している。ただその場合は1つの条件があるが、それは後述する。

容疑者と取調官は対等のはずだが

警察は権力である。権力をもって1人の人間を身体的に拘束する。しかし、その権力を行使する警察官とて同じ人間だ。本来、容疑者と捜査員は対等な存在なのである。持たされている〝権力分〟だけ、謙虚であるべきであろう。履かされている高下駄の高さ分だけ、余計に頭《こうべ》を垂れるべきだ。それが、〝白くする捜査〟につながる。鍬本氏は言う。

「私は取調べという言葉は好きではない。対等の立場であるべきです。幼児と話すときはしゃがみ込んで、目線を同じ高さにして話すでしょう。あれと同じです。目線を合わせないと、本当の話は聞けません」

立場上、容疑者と取調官は圧倒的に取調官が上に立っている。その高い位置からしゃがみ込んで目線を合わせる。その姿勢、態度が〝謙虚〟ということになろうか。

足利事件を反省して『犯罪捜査規範』が改正され、2010年4月15日に公布・施行された。新しい規則には、被疑者の特性に応じた取調べをすべきこと、供述内容と客観的事実との符合を検討して真実性を判断することなどの項目が追加された。

一歩前進ではある。しかし、まだまだ不十分だ。もっと根本的な改革が必要なのだが、それもあとで触れる。

足利事件とマスコミ

1991年12月2日未明、菅家利和さんは逮捕された。その日の朝刊には次の見出しが躍っていた。

「元運転手を逮捕　足利の女児殺し容疑」（朝日新聞）

「〝ミクロの捜査〟1年半　一筋の毛髪が決め手、栃木・足利市の幼女殺害」（読売新聞）

「元幼稚園送迎バス運転手を殺人で逮捕　真美ちゃん事件を自供——栃木・足利」（毎日新聞）

足利事件で菅家利和さんが逮捕されたことを報じるマスコミ第1報の見出しである。本文を読むと、菅家さんが犯人であることを確定している書き方だ。

朝日新聞はこう書いている。

「元運転手、菅家利和容疑者（45）を任意同行して調べていたが、深夜になって『手で首を絞めて殺した』と自供したため、2日未明、殺人と死体遺棄の疑いで逮捕した。……当初、事件当日について……アリバイを主張していた。しかし、熱心なパチンコマニアで、ほぼ毎日パチンコ店に通っていることなどを追及されるうちに、犯行を自供したという」

さらに、自宅からは女性の人形や女児を扱ったビデオなどが押収されたと書いており、菅家さんにロリコン趣味があったかのように匂わせている。結婚歴はあるが1カ月ほど前に離婚したとも。読者は、なるほど菅家が犯人に間違いあるまい、と納得するであろう。

読売新聞は警察捜査の奮闘ぶりを報じ、菅家さんは犯人であると断定している。

「菅家利和容疑者（45）が……逮捕されたが、延べ4万人の捜査員を動員したローラー作戦とともに、"DNA捜査"が、4千人に及ぶ変質者リストからの容疑者割り出しにつながった」

そして、こう断じている。

「週末の『隠れ家』でロリコン趣味にひたる地味な男。その反面、保育園のスクールバス運転手を今春まで務めるなど、"幼女の敵"は大胆にもすぐそばに潜んでいた」

「菅家＝犯人」、をダメ押しするかのようだ。

毎日新聞は少し穏当だが、同工異曲である。

「菅家利和容疑者（45）が殺害を認めたため、……逮捕した。同容疑者の体液がDNA（デオキシリボ核酸）鑑定で遺体発見現場近くに残されていた真美ちゃんの衣服に付着していた資料と一致しており、……有力な手がかりになって逮捕に結びついた」

当時のDNA鑑定は発展途上で、鑑定で"一致"と出ても犯人特定は不可能だった。一致と出た男性のうち性犯罪が可能な者を半数と仮定しても、足利市内だけで約50人が該当したのである。それなのに、自供があったからといって、ほかの条件を無視して犯人と断定している。

マスコミは『推定無罪』を貫け

こうしてみると、刑事訴訟法の精神である『推定無罪』の原則などどこ吹く風だ。警察が逮捕すれば、その瞬間にマスコミは『真犯人』と断定してしまう。それがまかり通っているのである。実は、この点にこそ大きな問題が伏在している。

私は、誤認逮捕問題は、警察問題ではなくマスコミ問題であり、かつ世間の問題だと思っている。

立法、行政、司法と言いながら、司法はどこかへ吹き飛んでいる。裁判所の判断など飾り物でしかない。裁判官は行政たる捜査機関の〝御託宣〟を権威づける〝神主〟に過ぎない。裁判員裁判の普及定着でどこまで変るかだが、上級審が従来の〝常識〟を死守するなら同じことだ。

神殿の奥には警察、検察が鎮座しているのである。そしてマスコミは、その御託宣を信徒たる世間に伝える〝シャーマン〟である。旧約聖書の〝預言者〟に相当する。

近代民主主義以前の姿が、そこには透けて見える。

これこそが、誤認逮捕〝悲劇〟の根源なのである。

この構図を懸命に死守しようとしているのが、警察『組織』だ。誤認逮捕があれば当事者だけでなく所属長の責任問題にまで発展すると既述したが、それは被疑者の人権を思ってのことではない。警察は間違わないという〝無謬神話〟を傷つけるからだ。

だからこそ、途中で誤認逮捕が分かっても最後まで押し通し、強引に起訴まで持っていくことがある。そうして冤罪にまで発展する……。

「捜査→逮捕」が〝司法〟のすべて

松本サリン事件では、被害者の河野義行さんがマスコミに犯人扱いされてさんざんな目に遭った。その理由は、警察が河野さんに疑いをかけて事情聴取を執拗に行い、自宅周辺を捜査したからだ。もちろん、逮捕はしなかったが、限りなく逮捕に近い扱いだった。マスコミはこれを見て、犯人視するようになったのだ。

逮捕しなくても状況によってはこの始末なのである。もし逮捕されていたらどうなったか。

マスコミはなぜ、警察が逮捕したら犯人として扱うのか。

警察捜査にまつわる根本的な問題点は、「捜査→逮捕」というプロセスに、〝司法の全過程〟が凝縮されている、ということだ。

逮捕は、即『有罪判決』なのである。この点に根本的な問題がある。

逮捕には通常、裁判所による逮捕状が必要である。犯罪捜査規範には、逮捕状請求書に添付する書類について次のように規定している。

「第１２２条　通常逮捕状を請求するときは、被疑者が罪を犯したことを疑うに足りる相当な理由があること及び逮捕の必要があることを疎明する被害届、参考人供述調書、捜査報告書等の資料を添えて行わなければならない」

かつて裁判所は、こうした疎明資料が揃っていればほとんど無条件に逮捕状を出していたようだが、最近では具体的に判断して決めるようになっている。犯罪発生の経緯、被疑者の年齢、境遇、犯罪の軽重および態様などさまざまな要件を勘案して判断するのである。だから、警察や検察が逮捕状を請求するときは、逮捕理由のほかに、確かに逮捕が必要であると裁判官が判断できるような事実関係と、それに見合う証拠を積み上げなければならない。

その中でもっとも説得力のある逮捕理由が、証拠隠滅、逃亡のおそれ、住所不定の3つである。それぞれについて詳述する余裕はないが、『証拠隠滅』と『逃亡のおそれ』はすべての被疑者に可能性が考えられる。だから結局は、被疑者が罪を犯したと考えられる〝相当な理由〟があるかどうかに逮捕理由は収斂《しゅうれん》される。

では、〝相当な理由〟とはどの程度の理由か。一般的には〝十分な理由〟ほどではないが、普通の人が合理的に考えて、なるほどと納得するような根拠である。くだいて言えば、

「常識的に考えてアイツは犯人に間違いない」

というほどの根拠なのである。このため〝常識〟の代表であるマスコミは、警察が逮捕すれば、その根拠の真偽を十分に確かめる術がないまま犯人と決めつけてしまう。その結果、誤認

逮捕された者は悲劇のどん底に突き落とされる。

ここに誤認逮捕の悲劇の根源があるわけである。

誤認逮捕の悲劇の根源

人権活動家は、

「欧米のマスコミは容疑者を逮捕しても犯人扱いをしないのに、日本のマスコミは実名で報道する。人権無視である」

と、非難する。その議論自体は間違っていない。

しかし、欧米でいう『逮捕』は、日本でいう『任意同行』に近いのである。

イギリスでは、1984年に制定された『警察および刑事証拠法（PCEA）』の第25条によって、警察は逮捕状がなくても容疑者を逮捕できる。実際、裁判所が発行する逮捕状を持参して容疑者を逮捕するケースは例外的で、ほとんどの場合、警察官が疑わしいと思ったら逮捕している。1つの犯罪で5人の容疑者がいれば5人とも逮捕できるのである。日本の感覚では4人については誤認逮捕ということになる。それでもイギリスでは問題にならない。

『推定無罪』の原則が貫徹しているからだ。逮捕されたからといって、アイツは犯人だと世間から後ろ指を指されることが少ないのだ。

その代わり、身柄の拘束期間は短い。それにも理由があって、欧米では必ずしも自白を取る必要がないのである。

これでは、いかにマスコミでも逮捕の時点で犯人視はできないだろう。対して日本では、犯人に間違いないと断定して逮捕し、自白を取るために長時間身柄を拘束している。自白がなければ先述のように法廷で有罪を取りにくいからだ。取調官はこのため、何が何でも自白を取ろうとあらゆるテクニックを駆使して逮捕した者に自白を迫る結果になる。誤認逮捕の悲劇が深刻な理由は、この点にもあるのだ。

警察官にもっと〝武器〟を与えよ

では、どう改革するか。

結論から言えば、

「警察現場をあまり締めつけるな」

である。言い換えれば、もっと大らかに捜査できるよう武器を与えよ、ということである。

近年はそれに逆行している。

たとえば、1974年8月に起きた千葉県松戸OL殺人事件では、一審は有罪だったが二審は無罪だった。逆転無罪となった理由は、捜査手続が厳密に問われて証拠に信用性がないとされたからだ。真相はどうかというより、手続はどうかが問われるのが近年の流れなのである。捜査員たちは、六法全書を片手に捜査するほかなくなる状況だ。

最近は別件逮捕や微罪逮捕に関しても締めつけが厳しくなっている。欧米先進国ではそうしたあざとい逮捕はない、というのがその理由だ。だがこれは、木を見て森を見ない発想である。

イギリスのように『逮捕』が日本の『任意同行』に近いなら、そうしたあざとい手段を用いる必要はないのである。本件でどしどし逮捕し、間違っていればすぐに釈放すればよい。それができないから日本の警察官はそういうあざとい手段に頼りがちになる。

もしこのように警察の手足を縛っていくなら、捜査はますます難しくなり、捜査員たちは証拠をデッチ上げるか、捜査自体をサボタージュするか、任意同行という奥の手を悪用してそれこそ違法な捜査をするかもしれない。

そうなれば世界に誇る日本の治安は総崩れになるほかない。

私は、欧米先進国並みに現場警察官に武器を与えよ、と主張したい。あまり手足を縛るなと言いたい。

法に手足を縛られる職務質問

近年は地域警察官の職務質問による犯人逮捕も増えているが、これに関しても同じだ。

こんな事件があった。

1990年8月13日午後4時25分頃、大阪市内で2人の地域警察官がパトカーで巡回していると、うつむき加減で歩くサングラスの男がいた。顔を観察すると皮膚に艶がない。

あの男は覚醒剤乱用者に違いない……。

2人はそう考えてパトカーから降りて職務質問した。

「どこに行くんや」

「事務所に行く」

住所、氏名を聞くと覚醒剤乱用者の噂があるXである。

「ちょっと話を聞かせてほしいから車に乗ってくれ」

「忙しいからだめだ」

抵抗するXを2人は、

「はよう乗れ」

とパトカーに押し込もうとした。体が半分ほど車に入ったとき、Xは、

「どけ、入るわ」

と言って、自分からパトカーにおさまった。本署では尿の検査などをするのだが、それにもさんざん抵抗する。2人は強制採尿のための捜索差押許可状を裁判所から取り寄せ、尿検査を

行って逮捕したのは午後8時20分だった。

公判での争点は任意同行の違法性である。一審の大阪地裁は、「令状主義の精神を没却するような重大なものとは認められず、結局尿の鑑定書を含めて本件各証拠は証拠能力を有する」として有罪とした。しかし、この判決は大阪高裁でくつがえされ、無罪となるのである。その理由は、

①警察官はパトカーに乗せる前にXに対して十分説得しなかった。Xが自分で乗ったのは抵抗できなかったからだ。

②採尿についてもXの拒否の態度は明らかであり、その違法性も重大である。

というものだった。

現在の法律では、恐らくこの高裁判決が妥当なのであろう。警察官向けの『特別講座』に事例として紹介され、現場警察官に警告しているのである。

しかし、任意同行といい任意提出といい、脛《すね》に疵《きず》持つ者があっさりと応じるものだろうか。『任意』にこだわるから犯罪者をみすみす見逃す羽目になる。説得してダメだったら諦めるし

かないのか。そうなると、先に紹介した大ドロボウ氏のように犯罪慣れした悪党はのうのうと逃げ延び、犯罪初心者だけが説得に応じて逮捕される、ということになりかねない。

〝自由と人権〟〝秩序と安全〟

任意の判断も極めて曖昧、微妙だ。職務質問の規則にはこのため、「相手の肩に触れるのはよい」とか「相手のポケットの上から触ってもよいが手を入れてはいけない」など細かく規定されている。覚えるのが大変なほど警察官の手足を縛っているのだ。

その点アメリカの警察官は、不審な相手には銃口を向けて事実上身柄を拘束して身体検査を行い、必要な事情聴取を行っている。ヨーロッパ諸国でも大同小異だ。

その程度の〝武器〟をなぜ日本では警察官に与えないのか。警察活動の目的は犯罪の撲滅にある。それなのに、手続にこだわるために悪質犯罪者は野放し同然である。前出Xも覚醒剤乱用の暴力団組員と思われる。こうした男を通じて覚醒剤が社会に蔓延しているのである。それを野放しにして何が人権であろうか。

自由と人権はもちろん重要である。それはしかし、秩序と安全があって初めて保障される。警察の役目は、犯罪を撲滅して秩序と安全を維持するところにある。市民はむしろ、自分勝手な自由や人権を主張するより、警察にもっと〝武器〟を与え、積極的に協力して秩序と安全の維持に貢献すべきではないか。そうすることで本当の意味での自由と人権を守ることができる。

戦後65年が経過した。戦前の警察国家に対する被害者意識からそろそろ脱却し、警察を市民側に引き寄せて使いこなす時代になってもいい頃だ。そうなれば、警察にもっと強力な武器を与えることに反対する者はいないだろう。いつまでも『霞が関国家体制』の手足のままにしておいてはいけない。

それが、誤認逮捕の悲劇をなくす根本的な改革の第一歩なのである。

もしあなたが誤認逮捕されたら

ところで、もしあなたが誤認逮捕されたときはどうすればいいだろうか。

誘拐犯に間違われた前出の男のように、都合よく知人の刑事がいれば彼に頼むことができよう。しかし、そういうことは滅多にないだろう。下手にコネを使おうものなら、へそ曲がり取調官に却って反感を持たれること請け合いだ。

まず絶対に必要なことは、一貫して否認することだ。

たとえば、万引き容疑で誤認逮捕された前出の女性は、一貫して否認していた。このため警察は再捜査して、女性と酷似した女が真犯人であることが判明した。

逮捕されても、敢然と、しかし誠意をもって、一貫して否認をつづければ、捜査員の中には疑問を抱く者が出て来るものだ。捜査員とて人間なのだ。誠意をもって訴えれば通じることがある。もちろん、そういう捜査員ばかりとは限らないであろう。その点は幸運を祈るしかない。

もっとも、無謬神話にこだわる警察『組織』が厳然とある限り、良心的な捜査員の声がどこまで通じるか心もとない面はある。先に述べたような改革はどうしても必要なのである。

ところで、無罪証明ほど、実は難しいものはない。その中にあって、わずかに期待できるのは、事件が発生した時点に、どこで何をしていたか、つまりアリバイ証明である。

しかし、いざ急に訊ねられても答えることは不可能に近い。

どうするか。

日頃から手帳を持ち歩き、行動記録をメモしておくのがよい。私は、何月何日の何時にはどこで何をしたかが分かるようにメモし、その手帳を持ち歩いている。こうしておけば、突然訊かれても答えることが可能だ。

自分の権利は自分で主張せよ

とはいえ、同じ電車に乗り合わせて痴漢犯人に間違われてはお手上げであり、痴漢以外でも、アリバイだけでは無罪証明ができないケースもある。たとえば侵入盗や詐欺などは、事件が起きた時間帯が極めて曖昧で、アリバイでは無実を証明できないことが多い。

こういうケースでは、不安になったら黙秘を貫くほかないであろう。下手に取調官の質問に気軽に答えていると、いつの間にか有罪方向に誘導されていることがある。いくらあなたに自信があっても、相手はプロである。あなたが想像する以上に知識があり、手練手管を駆使できる。気がついたら、あなたに罪を犯す動機と機会が十分にあったことにされかねない。

動機と機会があれば、有罪の心証を捜査側はいっそう強めるだろう。

危ないと思ったら、あるいは不安であれば、住所、氏名、年齢など基礎的情報以外は黙秘を貫いた方がよい。犯罪のプロの中には、世間話には気軽に応じるが犯罪関連の話になると口をつぐみ、取調官を困らせる者がいるという。

刑事訴訟法第198条第2項には、

「取調に際しては、被疑者に対し、あらかじめ、自己の意思に反して供述をする必要がない旨を告げなければならない」

とあることを記憶しておこう。

また、何よりも大事なのは、知り合いの弁護士か当番弁護士を呼んでもらうことだ。憲法第34条には、その権利が定められている。

「何人も、理由を直ちに告げられ、且つ、直ちに弁護人に依頼する権利を与えられなければ、抑留又は拘禁されない」

これまで被疑者は自分の権利を軽視しがちだった。これは、〝お上〟に弱い日本人の体質である。お上の言うとおりにしておけば、悪いようにはしないだろう……と。

権利はしかし、権利者の主張と行動によってしか機能しない。被疑者の法的権利が軽視されてきたのは、誤解を恐れずに言えば、捜査当局の責任ではなく、被疑者自身の責任なのである。あなたの権利はあなた自身にしか守れない。誤認逮捕の〝悲劇〟をなくすには、あなた自身の自覚と行動が求められるのだ。近年その必要性が叫ばれている取調べの可視化は、実現すればあなたの支えになるかもしれない。

誤認逮捕は今後も絶対に避けられない。人間なのだから誤りはある。問題は、それによる悲劇をいかになくすか、軽減するか、である。

そのためには、誤認逮捕は常に起こりうることを前提に考え方を根本的に改めるべきだ。捜査当局は、無謬神話など打ち捨てて謙虚になる。誤りがあれば率直に認めて改める。マスコミは、「容疑者＝犯人」という前近代的感覚をかなぐり棄てて、判決が下りるまでは推定無罪の原則を守る。そのことで、世間も考えを改めるだろう。そして被疑者自身は、あくまで自身の権利を主張する。

そうなってこそ初めて、日本は〝近代国家〟に脱皮できるのではないかと思うのである。

あとがき

特捜検事が、職務上の問題で実刑判決を受けるという前代未聞の〝大津波〟が司法界を襲った。これは、日本列島を東日本大震災が襲ったような、ありうべからざる〝大惨事〟だったといえる。司法界の一角につらなる警察にとっても、これは他人事ではない。

司法の危機、捜査機関の危機である。

この事態にあって、私は当初、冤罪問題をテーマに執筆しようと企画を練ったのだが、テーマが大き過ぎるとして新書編集会議で通らなかった。何回かのやりとりのあと、テーマを『誤認逮捕』に絞ることに決まった。私のこれまでの実績から、もっともふさわしいと意見の一致をみたようだ。編集会議の英断に感服しながら、私はパソコンのキーを叩きつづけた。

東日本大震災を契機に、東北地方は新たな町づくりに動き出そうとしている。同じく司法界も今回の激震を契機に生れ変る必要がある。〝復旧〟ではなく〝復興〟が必要だ。そのためには、今、何が問題なのか、その根っこはどこにあるのか、を掘り起こす必要がある。

本書は、誤認逮捕というアングルから警察現場の〝被災地〟を克明に撮影し、掘り起こし、調査分析し、何が問題なのかを問うている。紹介した各種エピソードはすべて事実であるが、必要に応じて脚色を施してある。

最後に、侃々諤々《かんかんがくがく》の議論のすえ『誤認逮捕』というテーマに絞り込んでくれた十数人の新書編集会議メンバーに感謝します。ことに、編集会議とのパイプ役として孤軍奮闘してくれた第2編集局の藤原将子さんには、大変、お骨折りをいただきました。深謝する次第です。

2011年8月

久保　博司

参考文献

『自白の研究　取調べる者と取調べられる者の心的構図』浜田寿美男・一九九二年・三一書房
『自白　真実への尋問テクニック』フレッド・E・インボー、ジョセフ・P・バックリー、ジョン・E・リード著／小中信幸、渡部保夫訳・一九九〇年・ぎょうせい
『犯罪捜査』（弘文堂法学選書5）土本武司・二〇〇四年・弘文堂
『刑訴裁判例ノート1　捜査』横井大三・一九七一年・有斐閣
『捜査法大系I　第1編　逮捕・取調』熊谷弘、松尾浩也、田宮裕編・一九七二年・日本評論社
『警視庁刑事　私の仕事と人生』鍬本實敏・一九九九年・講談社
『市民と警察』レイモンド・M・モンボイス著／渡部正郎訳・一九六九年・立花書房
『犯罪統計入門　犯罪を科学する方法』（龍谷大学矯正・保護研究センター叢書）浜井浩一編著・二〇〇六年・日本評論社
『僕は犯人じゃない』榎下一雄・一九八三年・筑摩書房
その他、犯罪白書など。

幻冬舎新書 230

誤認逮捕
冤罪は、ここから始まる

二〇一一年九月三十日　第一刷発行

著者　久保博司

発行人　見城　徹

編集人　志儀保博

発行所　株式会社　幻冬舎

〒一五一-〇〇五一　東京都渋谷区千駄ヶ谷四-九-七

電話　〇三-五四一一-六二一一(編集)

〇三-五四一一-六二二二(営業)

振替　〇〇一二〇-八-七六七六四三

ブックデザイン　鈴木成一デザイン室

印刷・製本所　株式会社　光邦

Printed in Japan　ISBN978-4-344-98231-4 C0295

く-2-1

幻冬舎ホームページアドレス http://www.gentosha.co.jp/

*この本に関するご意見・ご感想をメールでお寄せいただく場合は、comment@gentosha.co.jp まで。